보고서는 권력관계다

| 탁석산 지음 |

탁석산의 글쓰기 4 - 보고서는 권력 관계다

저자_ 탁석산

1판 1쇄 발행_ 2006. 10. 4.
1판 4쇄 발행_ 2016. 9. 11.

발행처_ 김영사
발행인_ 김강유

등록번호_ 제406-2003-036호
등록일자_ 1979. 5. 17.

경기도 파주시 문발로 197(문발동) 우편번호 10881
마케팅부 031)955-3100, 편집부 031)955-3250, 팩시밀리 031)955-3111

저작권자 ⓒ 2006, 탁석산
이 책의 저작권은 저자에게 있습니다.
서면에 의한 저자와 출판사의 허락 없이 내용의 일부를 인용하거나 발췌하는 것을 금합니다.

COPYRIGHT ⓒ 2006 by Tak suk san
All rights reserved including the rights of reproduction
in whole or in any form. Printed in KOREA.

값은 뒤표지에 있습니다.
ISBN 978-89-349-2328-2 04320
       978-89-349-1984-1(세트)

독자의견 전화_ 031)955-3200
홈페이지_ http://www.gimmyoung.com   카페_ cafe.naver.com/gimmyoung
페이스북_ facebook.com/gybooks   이메일_ bestbook@gimmyoung.com

좋은 독자가 좋은 책을 만듭니다.
김영사는 독자 여러분의 의견에 항상 귀 기울이고 있습니다.

[탁석산의 글쓰기 4]

보고서는 권력관계다

| 탁석산 지음 |

김영사

들어가며

　감상문과 보고서의 차이를 안다면 이 책을 읽을 필요가 없을 것이다.

　초등학교나 중학교에서 방학 과제로 독서 감상문을 써 오라고 한다. 학생들은 책을 읽고 자신이 느끼고 생각한 점을 써 제출한다. 그런데 대학에 진학하면 이상하게 감상문을 제출하라는 말 대신에 보고서를 내라고 한다. 그 차이는 무엇인가? 즉 책을 읽는 것은 동일한데 왜 대학에서는 보고서를 내라고 하는 것일까? 그것은 보고서는 감상이나 단순한 생각이 아닌 자신의 주장을 내놓으라고 요구하기 때문이다. 즉 보고서는 단순한 사실 보고나 자료 제출을 넘어 사태에 대한 분석이나 그에 대한 자신의 주장을 보여주는 실용적 글쓰기의 한 형식이다. 감상이나 단편적 생각이 아닌 주장을 내놓으려면 어떻게 해야 하는가를 알려주는 것이 이 책의 목적이다.

　보고서에도 물론 종류가 있다. 학교에 내는 리포트가 있는가 하면 회사에서 사용되는 보고서가 있으며 회사 보고서도 출장용과 기획안은 조금 성격을 달리 할 것이다. 그리고 요즘은 한 장으로 된 보고서도 길다고 여겨 1/4쪽짜리 보고서를 요구하는 곳도 생겨나고 있다. 많은 종류의 보고서가 있고 보고서마다 성격이 조금씩 다르다면 어떻게 대처해야 하는가? 물론 이에 대해서도 이 책은 방책을 알려준다.

보고서와 함께 프레젠테이션도 실용적 글쓰기의 중요한 부분을 차지하고 있다. 따라서 프레젠테이션에 관한 책도 무척 많이 나와 있다. 이 책은 프레젠테이션이 보고서와 본질적으로 다르지 않지만 일종의 라이브 쇼라는 점을 강조하고자 한다. 즉 프레젠테이션은 일종의 라이브 쇼인데 그것이 라이브라는 점에서 보고자를 긴장에 빠뜨리고, 그것이 쇼라는 점에서 철저하게 보는 사람의 입장에 서야 한다는 것을 말하고자 한다. 그리고 자연스러운 프레젠테이션을 위해서는 보고서와 마찬가지로 논증이 그 바탕을 이루어야 한다는 것을 강조하고자 한다.

이 책의 제목이 말하고 있듯이 보고서나 프레젠테이션은 권력 관계에 놓여 있다. 이것은 매우 단순한 사실인데 많은 사람들이 잊고 있는 듯하다. 즉 보고서는 읽는 사람을 위한 글이라는 것이다. 그리고 보고서를 제출하는 사람은 그것을 읽는 사람에게서 무엇인가를 얻어내야 하는 입장인 것이다. 이런 현실을 무시하고 마치 보고서가 진공상태에서 작성되는 것처럼 가르쳐서는 곤란하다. 보고서는 현실의 권력 관계에서 산출되는 결과물의 하나일 뿐이지 인격도야라든가 자신의 뜻을 펼치는 것과는 전혀 관계가 없다. 다시 말해서 보고서는 실용적 글쓰기의 주류이자 표준이라 할 수 있다.

나는 글에는 문학적 글쓰기와 실용적 글쓰기가 있으며 우리에게 훨씬 더 많이 필요하고 요구되는 것은 실용적 글쓰기라고 주장했다. 그리고 실용적 글쓰기는 논증을 통해 이루어진다고 이미 말했다. 이 책은 현실이라는 실전에서 과연 논증을 바탕으로 하는 방책이 보고서와 프레젠테이션에 어떻게 적용되는가를 보인다.

아무쪼록 여기에 나오는 방법들을 습득하여 이 책이 필요 없을 정도로 보고서 작성에 달인이 되고 프레젠테이션에서 성공을 거두기를 바란다.

차례

들어가며

01 보고서는 권력 관계다 _ 11

보고서의 성격을 파악하라! _ 13
보고서는 권력 관계다 _ 17
보고서는 철저히 읽는 사람을 위한 것이다 _ 24

02 보고서를 쓰기 전에 _ 35

보고서를 쓰는 순서 _ 37
보고서의 목적을 생각하라 _ 41
보고서의 기본, 자료 찾기 _ 46
자료 해석은 까다롭고 어렵다 _ 60
자료가 스스로 말하게 하라 _ 67
보고서를 위한 설계도, 논증 만들기 _ 72

03 보고서 작성하기 _81

모든 내용을 1/4쪽에 담아라 _ 83
가장 잘 전달될 수 있는 방법을 찾아라 _ 96
요약이 아니라 논증이다 _ 109
제목이 성패를 좌우한다? _ 113

04 프레젠테이션은 라이브 쇼다 _119

프레젠테이션이 더 어렵다 _ 121
논증이 반듯하면 걱정할 것 없다 _ 129
프레젠테이션은 라이브 쇼다 _ 137
일부러 틀려라 _ 143
정말 하고픈 말이 있어야 한다 _ 147

05 대학생을 위한 논문·리포트 쓰기 _155

보고서와 논문은 자료의 양과 깊이의 차이일 뿐이다 _ 157
단락 구성 방법 _ 163
자기 글을 써야 한다 _ 170
'나'를 주어로 써라 _ 178
석·박사 학위 논문 작성법 _ 184

01

보고서는 권력 관계다

보고서의 성격을 파악하라!
보고서는 권력 관계다
보고서는 철저히 읽는 사람을 위한 것이다

보 고 서 를 쓰 기 전 에

보고서의 내용뿐 아니라 형식까지도 아주 세심하게 그것을 읽는 사람을 중심으로 이루어져야 한다.

보고서의 성격을 파악하라!

보고서란 주어진 임무에 대하여 그 결과나 내용을 글로 알리는 것이다.

자려고 누웠으나 잠은 오지 않고 걱정만 쌓여 갔다. 일주일 후면 팀장에게 보고서를 제출해야 하는데 아직 한 자도 못 쓰고 있기 때문이었다. '한국인은 왜 노래방을 좋아하는가?'에 대해 원고지 50매 정도의 분량으로 쓰라는 요구인데 어떻게 시작을 하고 어떤 내용을 담아야 할지 아직도 갈피를 못 잡고 있는 것이다.

물론 두 손을 놓고 있었던 것은 아니다. 인터넷을 열심히 뒤졌다. 하지만 별 소득이 없었다. 딱 맞는 자료가 없었기 때문이다. 노래방에 관한 자료는 있어도 왜 한국 사람이 유독 노래방을 좋아하는지에 관한 자료는 별로 없었다.

그럼 어디서 자료를 구한다? 걱정이 밀려왔다. 자료가 없으면 보고서를 쓸 수가 없는데 도서관에 가 볼까? 맞다! 그곳에 가면 방법이 있을지도 모르겠다. 그 동안 그곳에서 논증과 논술에 대해 배웠는데 왜 그곳을 생각하지 못했을까? 너무 논술에만 신경 써서 그런 것이 아닐까 하는 생각도 들었다. 어쨌든 현민은 조금은 설레는 마음으로 다음날 기적의 도서관으로 향했다.

"그래, 보고서 작성법에 대해 알고 싶다고? 회사에 과제로 내는 모양이지."

"예, 그렇습니다. 주제가 '한국인은 왜 노래방을 좋아하는가?'인데 어떻게 써야 할지 모르겠습니다."

"모르는 데는 두 가지가 있지. 하나는 보고서를 쓰는 형식을 모를 수 있고, 다른 하나는 형식은 아는데 내용의 가닥을 못 잡는 경우지. 그래, 너는 어느 쪽에 속하느냐?"

"글쎄요. 보고서를 쓰는 방식은 어느 정도 아는 것 같습니다. 책도 많이 나와 있고 인터넷에도 보고서 쓰는 법을 알려주는 사이트가 여럿 있으니까요. 지금은 내용을 잘 모른다는 것이 더 맞을 것 같습니다."

"아마 그럴 것이다. 요즘 보고서 작성법에 관한 책과 사이트가 오죽 많으냐. 조금만 관심 있으면 책 한 권 사거나 해당 사이트 찾아가면 되지. 안 그러냐?"

"그렇기는 한데 막상 쓰려고 하면 잘 안 됩니다. 왜 그럴까요?"

"음, 우선 좀 이상한 얘기부터 해 보자."

"이상한 얘기라면, 어떤?"

호기심과 함께 불안감도 생겼다. 경험으로 보면 멘토는 워낙 엉뚱한 질문을 잘 하고 기상천외한 주장도 심심찮게 해 왔기 때문이다. 이번에는 또 뭘까? 고개를 들어 빤히 쳐다보았다. 멘토는 아랑곳하지 않는다는 듯 평소와 다름없는 톤으로 말을 이었다.

"리포트, 리포트 하는데 리포트가 무슨 뜻이냐?"

"새삼스럽게 무슨 말씀을…. 리포트는 보고서 아닙니까?"

"리포트를 보통 보고서라고 하지. 그럼 '보고'라는 말은 무슨 뜻이냐?"

'보고'가 무슨 뜻이냐고? 흠, 뭔가 심각한 얘기를 하려나 보다. 잠시 시간을 달라고 해야겠다. 전자사전을 찾아보고 답해야지.

"잠깐 전자사전을 보고 답하면 안 될까요?"

"안될 게 뭐 있겠냐."

전자사전을 열고 '보고'를 입력하자 다음과 같은 풀이가 떴다.

보고[명사]
 1. 주어진 임무에 대하여 그 결과나 내용을 말이나 글로 알림
 2. 〈보고서〉의 준말

전자사전을 읽고 난 뒤 현민이 대답했다.

"보고는 주어진 임무에 대하여 그 결과나 내용을 말이나 글로 알리는 것입니다."

"그렇다면 보고서는 말이 아니라 글로 알리는 것이겠구나."

"아마도 그렇겠지요. 그런데 왜 이런 걸 합니까?"

"보고라는 뜻에서 어떤 분위기를 느낄 수 있느냐?"

"글쎄요."

얼른 질문의 의도를 파악하지 못한 현민이 고개를 갸우뚱거리

며 말했다.

"힌트를 주겠다. '주어진 임무, 결과를 알림.' 알겠느냐?"

"정확한지는 모르겠습니다만 뭔가 강제적인 냄새가 납니다. 주어진 임무라는 말은 하기 싫어도 해야 한다는 것 아닙니까. 특히 임무라는 말이 그런 것 같고요. 또 결과를 알린다는 것도 반드시 알려야 한다는 뉘앙스가 있는 것 같습니다."

"비슷하게 맞췄다. '왜 보고하지 않았어?' 아니면 '똑바로 보고하란 말이야!' 이런 말을 들으면 누구나 기분이 나쁘겠지."

"그렇죠."

"아마 그런 말들이 이미 상대방은 명령을 하는 사람, 자신은 명령을 따르는 사람이라는 관계를 내포하고 있기 때문일 거다. 다시 말해 우리말에서 보고서는 일종의 권력 관계라고 할 수 있지. 영어에서 리포트는 어떤 뉘앙스를 갖고 있는지 몰라도."

보고서는 권력 관계다

보고서보다 기획안, 기획안보다 프레젠테이션에서 확연히 드러난다.

에잉? 단순히 보고서를 말하는데 권력 관계라는 거창한 말까지 나오다니…. 정말 이상한 얘기로군. 이런 생각이 들지 않을 수 없었다. 하지만 멘토가 진지한 표정을 유지하고 있어 자신도 진지한 표정을 지어야 한다고 마음을 다잡고 현민이 물었다.

"단순한 보고서가 권력 관계에 놓여 있다는 것은 이해가 되지 않는데요."

"그럴 수도 있지. 하지만 생각해 보자. 사람들이 보고서를 쓸 때는 항상 상사가 마음에 들어 했으면 하고 머릿속으로 끊임없이 생각하지 않느냐. 아마 그럴 거야. 즉 보고서를 쓰는 동안 자기도 모르게 그것을 읽는 사람의 마음에 들기 위해 애를 쓴다는 것이지."

"신경 쓰는 것은 사실입니다."

"예를 들어보자. 보고서에 표지를 붙이느냐, 안 붙이느냐?"

"저요?"

"아니, 여기 너 말고 누가 있다고 딴청이냐. 붙여, 안 붙여?"

멘토가 다소 짜증 섞인 목소리로 말했다.

"붙이는데요. 누구나 붙이지 않나요. 표지에 제목과 소속, 이름 등을 써서 내는데요."

"그것도 부족해서 표지를 예쁘게 꾸미는 일도 종종 있지, 아마."

"아니오. 대학교 때는 그랬지만 회사에서는 예쁘게 꾸미지는 않고 표지만 합니다. 그런데 그게 뭐 잘못된 것인가요? 이왕이면 다홍치마라고 예쁘면 좋잖아요."

"대부분의 사람들이 그런 형식을 따르지만 사실 보고서에 표지는 필요 없다. 왜냐? 첫 장 위쪽에 충분히 제목과 소속, 성명을 쓸 공간이 있기 때문이야. 이렇게 하면 된다는 것이지."

멘토의 말이 끝나자마자 스크린이 내려오면서 보고서의 첫 장이 보였다.

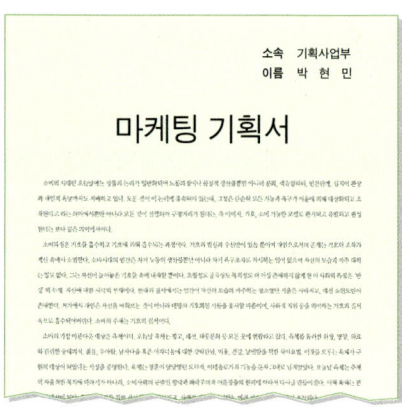

보고서는 권력 관계다

"보았느냐? 이렇게 하면 표지가 필요 없겠지. 내용은 몇 장 되지도 않는데 예쁘게 꾸민 표지를 붙이는 이유는 뭘까? 대학에서 말이지."

"아무래도 예의 아니겠습니까. 선생님에 대한 예의라고 생각하는데요."

"예의라기보다는 학점을 잘 받기 위해서라는 게 더 정확한 말이겠지. 그렇지 않느냐?"

"그런 면도 없지 않지만 표지도 없이 내면 예의가 아니라는 느낌이 있는 것도 사실입니다."

"그렇게 생각한다면 그것은 형식을 중요시하는 폐단에서 비롯된 것일 거야. 실용주의 정신에서 보자면 표지는 종이 낭비일 뿐이지. 어쨌든 불필요함에도 불구하고 표지를 붙이는 것은 학점을 잘 받으려는 혹은 좋은 평가를 바라는 마음에서 잘 보이려는 눈물겨운 노력의 일환이라고 봐야겠지."

"그런 점이 있다는 것은 인정하겠습니다. 그렇지만 보고서가 권력 관계라는 것은 아무래도 지나친 것 같습니다. 모든 보고서가 권력 관계라는 겁니까?"

도무지 이해하기 어렵다는 표정을 지으며 현민이 반문했다.

"두 가지 면이 있다. 우선 보고서, 기획안, 프레젠테이션 등을 예로 들어보자. 보고서보다는 기획안, 기획안보다는 프레젠테이션에서 권력 관계가 훨씬 더 확연히 드러나지. 보통 프레젠테이션은 어떤 프로젝트를 따내기 위해서 하는 것이거든. 예를 들어 어떤 백화점에서 방범 시스템을 설치한다고 해 보자. 백화점은 여러 회사를 상대로 입찰을 붙이고, 프레젠테이션을 받겠지. 이 경우 방범 회사와 백화점이 권력 관계에 놓인다는 것은 명백하지 않느냐."

"프레젠테이션은 그렇다고 해도 기획안은 회사 내부의 일인데 어떻게 권력 관계인가요?"

"기획안은 보통 아랫사람이 윗사람에게 올리지. 과장이 부장에게 올리기도 하고 팀장이 상무에게 올리기도 하고…. 회사도 일종의 조직이기 때문에 상하 관계가 존재하게 마련이고, 상하 관계라는 것은 본질적으로 힘, 즉 권력 관계라는 것이지. 위에서 결재 안 해주면 기획안은 폐기되는 것이니까. 실감이 나느냐?"

"실감이 나지는 않습니다만 충분히 이해는 갑니다. 프레젠테이션, 기획안이 모두 권력 관계라는 것은 알겠는데요. 선생과 학생 사이를 권력 관계로 보는 것은 무리가 아닐까요?"

"무리라고 할 수도 있겠지. 하지만 정도가 약할 뿐이지 어느 정도는 권력 관계라고 할 수 있지. 대학생보다는 대학원생이 더 권력 관계에 놓여 있겠지. 그럼 먼저 보고서에 나타난 권력 관계에 대해 말해 보자."

"질문이 있습니다. 평가를 받는 입장에 있으면 약자인가요?"

"그렇지만은 않아. 예를 들어 수능시험을 보는 경우 수험생이 약자라고는 할 수 없지. 하지만 대학에서 리포트를 제출해야 하는 학생의 경우는 수험생처럼 평가를 받는 입장이긴 해도 이 둘은 서로 다르다고 할 수 있어. 이유가 뭐라고 생각하느냐?"

"글쎄요."

뭘까? 현민은 잠시 생각에 잠겼다. 그러다 문득 이런 생각이 났다. 학생과 교수는 서로 얼굴을 아는 일대일 관계지만 수능시험은 얼굴을 모르는 다대다(多對多)의 관계잖아. 얼굴을 알면 아무래도 권력 관계가 성립되기 쉬울 것 같은데…. 에라, 모르겠다. 일단 답을 해 보자, 밑져야 본전이니까.

"수능시험은 서로 모르는 사이인 데 반해 학교 리포트는 보통 아는 사이라는 것이 다른 점 아닌가요?"

"그런 점도 있지. 하지만 그것보다는 이 점이 아닐까 싶다. 수능시험의 평가는 객관적으로 이루어진다는 것이지. 즉 정답이 있다는 거야. 정답과 대조해서 점수를 매기는 것이지만 리포트는 다르지. 리포트의 평가는 교수나 선생에게 달려 있거든. 기본적으로 주관적이라는 말이지. 아무리 잘 써도 교수의 마음에 들지 않으면 그뿐이야. 한마디로 대책이 없다는 거지. 이것이 가장 큰 차이점이라고 할 수 있지 않을까?"

"그렇다면 권력 관계가 있고 없고는 평가 기준이 주관적이냐 객관적이냐에 따라 좌우된다는 말씀인가요?"

"그렇지."

"좀 지나치지 않습니까? 평가가 주관적이어서 권력 관계가 성립한다는 것이."

"이런 사례를 들어보자. 회사에서 흔히 있는 일인데 보고서는 어떤 의미로는 형식적이라는 거야. 어떤 프로젝트가 있는데 결정권자에게 먼저 로비를 해서 내락을 받아 놓은 다음 보고서를 제출하면 좀 미비해도 보완하라는 지시가 떨어지면서 통과된다는 거지. 이와 반대로 아무리 기획안이 좋아도 관계가 좋지 않거나 소위 찍혀 있는 처지라면 어떤 구실을 붙여서라도 거부한다는 거야. 즉 다시 제출하라거나 아예 읽지 않는다는 거지. 이런 것쯤은 회사를 비롯한 조직 사회에서 누구나 알고 있는 사실이야."

"만약 그렇다면 보고서가 권력 관계에 있는 게 아니라 조직이라는 것 자체가 권력 관계에 있는 것이라고 해야 하지 않을까요? 그리고 지금 말씀하신 것이 사실이라면 뭐 하러 보고서 쓰는 법을 배웁니까? 차라리 로비하는 법을 배우는 게 낫죠."

현민이 퉁명스럽게 내뱉었다.

"예리한 질문이네. 진땀이 나는구나."

멘토가 땀을 훔치는 시늉을 하며 대답했다.

"장난치지 마시고 대답해 주세요."

"장난이 아니고 정말 예리하다. 그런데 이것은 어떠냐?"

"어떤 거요?"

"먼저 로비를 해 놓아도 보고서는 써야 하지 않겠냐. 그리고 보고서가 갖는 힘이 있어. 아무리 미운 부하가 쓴 것이라도 보고서 자체가 뛰어나면 어떤 식으로든 반영하게 되어 있거든. 또 회사는 일을 위한 조직이니까 결국은 가장 효과적인 방법을 찾게 되어 있어. 즉 시간이 걸리겠지만 힘든 일이 생기거나 중요한 일이 생기면 역시 잘 쓴 보고서에 의존하게 마련이지."

"그렇다면 어떤 경우에든 보고서는 잘 써야 한다, 하지만 보고서 자체가 권력 관계 속에서 이루어지니까 감수해야 할 일이 많다, 그런 말씀인가요?"

"대략 맞는 말이다."

"사실이 그렇다고 해도 그런 말씀을 들으니 좀 서글픈 생각이 듭니다."

"서글퍼 할 것 없다. 어떤 것이든 본질을 알게 되면 자유를 얻게 되니까."

"그게 무슨 뜻입니까?"

보고서는 철저히 읽는 사람을 위한 것이다

읽을 사람이 무엇을 원하는지 파악한 다음 그가 원하는 형식으로 써야 한다.

"쉬운 얘기다. 겉모습에 현혹되지 않고 본질을 알게 되면 대처할 수 있기 때문에 자유롭게 된다는 말이지. 예를 들어보자. 두 사람이 만나서 그럴듯하고 어려운 얘기를 나누고 있지만 결국 두 사람의 관심사가 돈 문제라는 것을 알게 된다면 두 사람의 관계를 풀어 가는 데 한결 편안해지지 않겠냐?"

"그렇기는 하죠. 하지만 본질을 알아내는 것이 어렵지 않습니까? 저도 그런 경험이 있습니다. 아버님이 저를 불러 앉혀 놓고는 인간이 살아야 할 길이라든가 자식 된 도리를 장황하게 말씀하셨지요. 그땐 무슨 소린가 했는데 결국 공부 열심히 하라는 말씀이란 걸 나중에야 깨달았죠. 이런 경험이 해당되겠습니까?"

"딱이네."

멘토를 쳐다보고 있던 현민은 불현듯 뭔가 생각난 듯 질문했다.

"보고서가 권력 관계라는 것은 어느 정도 이해하겠습니다. 그래서 어쨌다는 겁니까?"

"무슨 감정 있냐?"

"뭐 감정이 있는 게 아니라 권력 관계라는 것이 막연하니까 구체적으로 어떻게 해야 하느냐를 여쭤 본 것뿐입니다."

자기도 모르게 시비조로 말이 나와 현민도 순간 당황했다. 아니, 속마음이 그대로 나온 것이었다. 권력 관계, 권력 관계 하는데 그래서 어쩌자는 거야? 권력을 잡자는 거야, 아니면 권력에 순응하라는 거야? 보고서의 본질이 권력 관계면 대처 방안은 권력을 잡거나 권력에 순응하거나 이도 저도 안 되면 아예 권력 관계에서 벗어나 있으면 되겠네. 이런 생각을 눈치 챘는지 멘토가 말했다.

"무슨 생각을 그렇게 하느냐. 구체적인 것을 묻지 않았느냐."

"물었지요. 보고서가 권력 관계라면 구체적으로 어떻게 해야 합니까?"

"첫째, 보고서를 읽는 사람이 원하는 게 무엇인지를 파악해야겠지. 다시 말해 상사가 보고서에서 기대하는 바가 무엇인지를 알아야 한다는 거다."

"보고서는 그렇다 해도 기획서에는 자신의 생각이 들어가야 하는 것 아닌가요? 상사가 원하는 내용을 쓰려면 뭐 하러 힘들게 기획서나 보고서를 쓰겠습니까?"

"내가 언제 상사가 원하는 내용을 그대로 쓰라고 했느냐?"

"그게 아니라면 무슨 뜻인가요?"

"물론 기획서나 보고서에는 네 생각이나 의견이 담겨 있어야 한다. 하지만 네가 사장이 아닌 이상 네 생각을 회사의 입장에서, 그리고 상사의 입장에서 쓰는 것이 중요하다는 말이지. '한국인이 왜 노래방을 좋아하는가'에 대해서 보고서를 써야 한다고 했지? 그럼 네 상사가 왜 그런 보고서를 쓰라고 했는지 이유가 있을 거야. 노래방과 연관된 프로젝트를 진행한다거나 노래방에 납품할 프로그램 등을 기획한다거나 하는 이유 말이지. 그럴 경우에 우리나라 사람들이 왜 노래방을 좋아하는지 그 이유를 분석하면 좀 더 분명하게 프로젝트의 진행 방향을 잡을 수 있을 거야. 이런 의도를 파악한 후에 네 생각을 발전시켜서 보고서를 작성하는 것과 무작정 네 생각을 쓰는 것은 분명 차이가 있다는 말이지."

"무슨 말씀이신지는 알겠는데, 왠지 상사의 입맛에 맞는 보고서를 쓰라는 말로 들리네요."

"꼭 그런 건 아니지. 만약 네 의견이 상사의 의견과 다르다면 네가 상사의 입장에 있어도 설득당할 수 있을 정도의 보고서를 써야 한다는 말이지. 앞에서도 말했지만 잘 쓴 보고서의 힘은 함부로 무시할 수 없으니까."

"네, 이제 이해가 가네요."

현민이 고개를 끄덕이며 얘기했다.

"둘째, 보고서를 읽는 사람이 원하는 형식으로 써야 한다는 거야."

"보고서 양식도 읽는 사람에 따라 달라져야 한다는 말씀인가요?"

"물론 그렇지. 직장인이라면 비슷한 경험이 있을 거야. 비슷한 내용의 보고서인데 자신이 쓴 건 별로 인정받지 못하는 반면 다른 사람이 쓴 건 바로 통과되는 경우가 있잖아."

"맞아요. 제가 그래서 여기에 온 거 아닙니까. 제가 보기에는 내용상 별 차이도 없는데…."

현민이 과거의 일이 떠오른 듯 중얼거렸다.

"그런 경우는 보통 보고서를 읽는 사람의 입장에서 쓰지 않았기 때문일 거야."

"보고서를 읽는 사람의 성향에 따라 보고서의 형식이 달라져야 한다면 보고서의 일반화된 형식이 필요없는 거 아닌가요?"

"물론 각각의 상황에 따라 보고서를 쓰는 형식은 달라질 수밖에 없어. 그러니까 많은 사람들이 보고서 쓰는 것을 어려워하는 거겠지. 정답이 없으니까 말이야. 하지만 정답은 없어도 기본적으로 지켜야 할 원칙은 있거든. 그 원칙을 알면 어떤 상황에서도 응용이 가능하단 말이다. 수학에서도 원리를 이해하고 있으면 어떤 응용문제라도 풀 수 있는 것과 마찬가지라고 할 수 있지."

"그렇군요."

"자세한 원칙은 나중에 천천히 알려주기로 하고, 여기서는 간단한 내용만 우선 짚어 주마. 수많은 보고서를 받는 상사는 보고서를 자세하게 읽을 시간이 없을 거야. 그러니 네가 하고자 하는 말이 무엇인지 한눈에 파악할 수 있도록 해 주는 것이 좋아. 한때 한 장짜리 기획서를 쓰는 방법이 열풍처럼 지나간 적이 있는

데 그것도 바로 이런 맥락이라고 할 수 있지."

"이것도 권력과 관계가 있나요?"

"물론이지. 윗사람들은 바쁘니까 결론부터 알기를 원하지. 그리고 그 결론이 어디에서 나왔는지를 일목요연하게 알고 싶어 하니까 그 요구를 충족시켜야 하는 거야. 권력 관계 맞지?"

"예, 그런 것 같습니다. 그런데 이렇게 어려운 거 말고 좀 쉽게 권력 관계를 나타내는 예는 없을까요?"

"가장 쉬운 방법만 찾는구나. 그렇다면 재미있는 것을 하나 알려 주마."

"재미있는 거라고요?"

"그래. 우선 한 가지 물어보자. 보고서 내본 적 있지? 보고서 낼 때 보통 묶기 위해 뭔가로 찍어서 내지. 보통 호치키스라고 하는데 호치키스를 어디에 찍느냐?"

"음, 상단에 일렬로 두세 개 찍지 않나요?"

"이렇게 말이지."

멘토는 준비를 해 놓았다는 듯 스크린 위로 호치키스를 상단

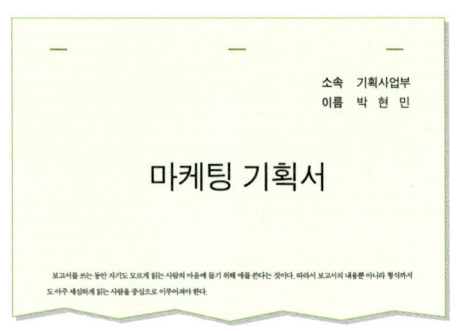

에 일렬로 세 개 찍은 보고서를 보여주었다.

스크린 위의 보고서를 봤지만 흔히 보던 것이라 그런지 이상한 점을 발견할 수 없었다. 고개를 갸우뚱하려는 순간 멘토가 말을 이었다.

"호치키스가 이렇게 찍힌 보고서를 읽어본 적이 있겠지?"

"물론이죠."

"페이지를 넘길 때 불편하지 않았느냐?"

잠깐이지만 기억을 되살려 보았다. 장을 넘길 때마다 불편했던 기억이 떠올랐다. 잘 접히지도, 넘어가지도 않을 뿐더러 매끄럽게 넘어가지 않으니 소리가 났었다. 맞아! 그러고 보니 상당히 불편했구나.

"편하지는 않았습니다."

"그럼, 이런 생각을 해 보자. 호치키스를 어떻게 찍어야 보고서를 읽는 사람이 편하게 볼 수 있을까?"

"글쎄요. 어디가 좋을까요?"

"다음을 보자."

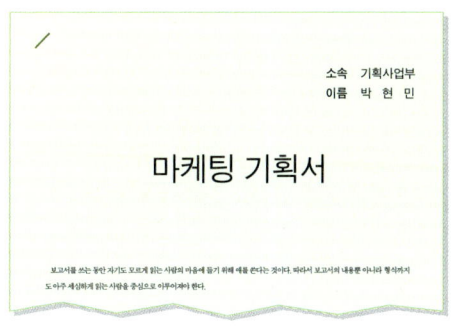

보고서는 권력 관계다

스크린 위에 보고서의 첫 장이 나타났다. 어디에 찍었을까 하고 들여다보았더니 좌측 상단에 달랑 하나만 찍혀 있었다.

"어디인지는 알겠지. 개수는 몇 개냐?"

"하나입니다."

"그리고 특이한 점은 없느냐?"

"특이한 점이라뇨? 잘 모르겠는데요."

"흠, 잘 봐라. 좌측 상단에 찍힌 호치키스의 각도가 몇 도로 보이느냐?"

"각도요? 각도까지 봐야 하나요?"

"잔말이 많구나. 몇 도로 보이느냐?"

"한 45도쯤 되어 보입니다."

"그쯤 된다. 왜 각도가 중요한가, 그걸 묻고 싶겠지?"

"예."

"각도가 45도면 넘기기에 편하기 때문이다. 한번 해 봐라. 여기 있다."

정말 보고서 한 편이 공중에서 떨어져 현민 앞에 놓였다. 보고서 첫 장을 보니 역시 45도로 비스듬히 한 개의 호치키스가 찍혀 있었다. 한 장씩 넘겨보았다. 잘 넘어갈 뿐 아니라 뒤로 잘 접히기도 했다. 보기보다 상당히 편했다. 오호, 괜찮은데.

"어떠냐, 편하지?"

"편한 것은 알겠는데요. 이것이 권력 관계와 무슨 관계가 있나요?"

"보고서가 권력 관계에 놓인 것이라면 철저하게 그것을 읽는 사람을 위해 작성되어야 한다는 것이다. 읽는 사람이 보고서를 넘기는 데 불편하면 되겠느냐? 보고서를 읽는 사람을 먼저 생각하는 정신이 있어야 한다는 것을 말하기 위해 보고서의 어디에 호치키스를 어떻게 찍어야 하는가를 보여준 것이다. 알겠느냐?"

"그러니까 지금까지 하신 말씀을 종합해 보면 보고서의 내용뿐 아니라 형식까지도 아주 세심하게 그것을 읽는 사람을 중심으로 이루어져야 한다는 말씀인가요?"

"그렇지. 보고서를 읽는 사람의 편의는 물론이고 그가 무엇을 원하는지를 항상 염두에 두어야 한다는 것이야."

"그런데요. 한 가지 추가 질문 하면 안 될까요?"

"안 될 리가 있냐. 뭐냐?"

"호치키스를 45도로 찍는 거 재밌었거든요. 그래서 말씀드리는 건데요. 이런 형식적인 것 중 또 다른 재미있는 것은 없나요?"

"재미있는 거?"

엷은 미소가 멘토의 얼굴에 잠시 머물다 사라졌다. 잠시지만 재미있는 게 뭘까 하고 생각하는 표정이었다.

"효도폰이라고 들어봤지? 휴대폰인데 글자 크게 나오는 것 말이다."

"예. 노인들은 잔글자가 안 보이니까 만든 것 아니겠습니까."

"그렇지. 마찬가지로 보고서를 읽는 사람이 원시라면 글자의 포인트를 시원하게 키워야 한다는 것이지. 읽는 사람을 위주로 해야 하니까."

"그게 재미있는 겁니까?"

"아니, 이건 보고서를 작성하는 사람들 대부분이 알고 있는 것이거든. 따라서 이런 말을 하고 있는 나 자신이 재미있는 거 같은데?"

"그냥 진도 나가시죠."

"그러자꾸나. 보고서의 성격에 대해 어느 정도 파악한 것 같으니 이제 보고서를 어떻게 써야 하는지 본격적으로 알려 주마."

01 이것만은 꼭!

읽는 사람의 입장에서 써라!

보고서는 권력 관계다. 즉 보고서를 쓰는 동안 자기도 모르게 읽는 사람의 마음에 들기 위해 애를 쓴다는 것이다. 따라서 보고서의 내용뿐 아니라 형식까지도 아주 세심하게 그것을 읽는 사람을 중심으로 이루어져야 한다.

이를 위해 우선 보고서를 읽는 사람이 무엇을 원하는지를 파악해야 한다. 다시 말해 상사가 보고서에서 기대하는 바, 왜 이런 보고서를 쓰라고 했는지에 대한 이유나 의도를 알아야 한다는 것이다. 물론 기획서나 보고서에는 자신의 생각이나 의견이 담겨 있어야 하지만 그것을 회사나 상사의 입장에서 쓰는 것이 중요하다.

둘째, 보고서를 읽는 사람의 편의를 고려해 그가 원하는 형식으로 써야 한다. 수많은 보고서를 받는 상사는 보고서를 자세하게 읽을 시간이 없고 결론부터 알기를 원한다. 그러므로 자신이 말하고자 하는 바가 무엇인지 한눈에 파악할 수 있도록 정리해 주는 것이 좋다.

02

보고서를 쓰기 전에

보고서를 쓰는 순서
보고서의 목적을 생각하라
보고서의 기본, 자료 찾기
자료 해석은 까다롭고 어렵다
자료가 스스로 말하게 하라
보고서를 위한 설계도, 논증 만들기

보 고 서 를 위 한 준 비 단 계

전제가 튼튼해야 결론이 튼튼할 수 있는 것처럼 자료가 확실해야 설득력 있는 해법을 제시할 수 있는 법이지.

보고서를 쓰는 순서

가장 먼저 할 일은 보고서의 목적을 제대로 파악하는 것이다.

멘토가 잠시 숨을 고르고 있었다. 보고서 작성 요령을 알아보자고 하였는데 무슨 문제가 있는 건가? 왜 뜸을 들이시는 거지? 보고서 작성 요령이야 책이나 인터넷 사이트에 널려 있는데 뭔가 새로운 것이 있는 걸까? 잠시 기다렸지만 아무 말이 없자 현민은 더 이상 참지 못하고 먼저 질문을 하고 말았다.

"보고서 작성 요령은 무엇입니까?"

"잠깐만. 작성 요령도 보고서의 종류에 따라 다른데 뭐부터 하면 좋겠느냐?"

"어떤 게 있습니까?"

"크게 보아 비즈니스 보고서, 대학 과제용 보고서 등이 있지. 어떤 것부터 할까?"

"비즈니스 보고서부터 하면 좋겠습니다. 그게 더 어려워 보이는데 그걸 해결하면 다른 것은 조금 쉽지 않겠습니까."

"좋다. 그럼 이 자료부터 보자."

신문 기사로 보이는 자료가 스크린 한 면을 가득 메웠다. 웬 젊은 남자가 컴퓨터를 앞에 두고 고뇌와 체념이 버무려진 표정으로 모니터를 비스듬히 응시하고 있었다. 그 위로 기사의 제목이 보였다. '길고 복잡한 보고서 한 장으로 줄여라' 라는 제목 아래 '업무문서 작성요령' 네 가지가 적혀 있었다.

1. 일단 자료부터 확보
2. 보는 이의 입장에서
3. 길 땐 첨부 서류 활용
4. 제목이 성패를 좌우

—조선일보, 2005. 10. 4.

"별로 새로울 것은 없어 보이는데요. 특히 두 번째 '보는 이의 입장에서'는 조금 전까지 말씀하신 것 아닙니까?"

"새로운 것이 별로 없다. 과연 그럴까? 깊이 있게 해석하지 못하는 건 아니고?"

"깊이요? 무슨 말씀인가요?"

"간단하고 어디서나 흔히 볼 수 있는 내용인 것처럼 보이지만 네 가지 안에 보고서를 쓰기 위한 핵심적인 내용은 모두 담겨 있다고 봐도 좋다. 원래 진실은 멀리 있는 게 아닌 법이지. 그럼 우선 '일단 자료부터 확보'라는 요령부터 하나씩 살펴보자."

기사에는 이렇게 적혀 있었다.

'비즈라이팅'의 저자 임은령 씨는 "글쓰기에 공포감을 가진 사람은 사전 준비도 없이 컴퓨터 자판을 열고 고민부터 먼저 하는 사람이 많다"며 "고민해 봐야 시간만 갈 뿐 아무것도 해결되지 않는다"고 말했다. 보고서나 제안서 등을 작성할 때 가장 먼저 해야 하는 것은 자료를 찾고 이와 관련한 다른 사람의 의견을 묻는 리서치 작업이 우선. 덮어놓고 컴퓨터 앞에서 '첫줄'을 수백 번 썼다 지웠다 반복하는 것은 일을 거꾸로 하는 것이라는 얘기다.

―조선일보, 2005. 10. 4.

"잘 보았지?"
"예, 좋은 얘기네요. 주위 동료들이 기획서 쓰는 것을 봐도 다양한 자료들을 많이 찾아서 보긴 하더라고요. 자료 없이 보고서 쓰는 사람을 보지는 못한 것 같아요. 솔직히 말씀드리면 저도 보고서를 쓰기 전에 자료들을 많이 찾아보기는 하는데 이게 꼭 필요한 자료인지도 모르겠고, 그래서 이런저런 자료들을 모으다 보면 자료만 산더미처럼 쌓일 뿐이지 그런 자료를 도대체 어떻게 이용해야 하는 건지 잘 모르겠던 걸요."
"구슬이 서 말이라도 꿰어야 보배라는 말도 있지 않느냐. 아무리 자료가 많다고 해도 네가 그 많은 자료를 사용할 수 있는 방법을 모른다면 아무 소용없지."
"그러면 자료를 활용하는 방법부터 배워야 할까요?"

"아니, 그 전에 네가 알아야 할 것이 하나 있다. 많은 자료를 읽고도 아무 생각이 떠오르지 않는다면 그건 네가 보고서의 목적을 제대로 이해하지 못하고 있기 때문일 가능성이 높다."

"보고서의 목적이라고요?"

"그래. 넌 보고서의 목적이 뭐라고 생각하느냐?"

보고서의 목적을 생각하라

보고서의 목적은 문제에 대한 해결 방안을 내놓는 것이다.

보고서의 목적이라…. 보고서를 쓰는 이유는 물론 팀장이 쓰라고 하기 때문이지만, 목적이라고 하니 딱히 뭐라 대답할 말이 생각나지 않았다. 보고서를 잘 쓰면 능력 있어 보일 테고 그러면 앞으로 회사 생활도 편해질 것이고, 승진에도 도움이 될 것이고…. 뭐 이런 걸 말하는 걸까 하는 생각이 문득 들었지만 아무래도 이건 멘토가 원하는 답이 아닌 것 같았다. 현민이 답을 하지 못하고 망설이는 것을 눈치 챘는지 멘토가 다시 한 번 물었다.

"네 수준에 너무 어려운 질문을 한 것 같구나. 좀 더 쉽게 물어보마. 너는 왜 보고서를 쓴다고 생각하느냐?"

멘토는 쉽게 물었다고 하지만 이 질문 역시 너무 포괄적이라 대답하기 힘들었다. 보고서도 종류별로 여러 가지가 있는데 그런 보고서의 목적을 한마디로 답할 수는 없을 것 같았다.

"그거야 보고서의 종류에 따라 다른 것 아닌가요?"

"물론 네 말도 틀리다고는 할 수 없다. 기획서는 기획서대로, 출장 보고서나 업무 보고서는 그 나름대로 각각의 목적이 있지. 하지만 일반적으로 회사에서 보고서를 쓰라고 하는 것은 어떤 문제에 대한 해결 방법을 요구하는 것이라고 볼 수 있어. 기획서는 새로운 프로젝트라는 문제를 해결하기 위한 것이고, 업무 보고서는 일상적인 업무에서 발생하는 문제를 해결하기 위한 것이라고 할 수 있지. 한마디로 말해 보고서의 목적은 문제를 해결하기 위한 것이라고 할 수 있다."

"음…. 문제를 해결하기 위한 거라…. 생각해 보니 그런 것 같기도 하네요."

"내가 언제 틀린 말 하는 것 봤냐?"

"그렇죠."

현민은 멘토의 기분을 맞춰 주려 얼른 대답했고, 곧바로 멘토의 말이 이어졌다.

"다시 말해서 네가 해결해야 하는 문제를 정확하게 알고 그 문제에 대한 너만의 해결 방안을 내놓는 것이 바로 보고서의 목적이라고 할 수 있지. 네가 자료를 어떻게 이용해야 할지 모른다는 건 네가 해결해야 하는 문제가 뭔지 제대로 알고 있지 못하다는 걸 의미하는 것일 수도 있어. 아무런 문제의식도 없이 그저 상사가 보고서를 제출하라고 해서 무조건 자료를 읽으면 아무 생각도 떠오르지 않고 보고서에 뭘 어떻게 써야 할지 모르는 게 당연하지. 그러니 자료를 모으기 전에 해야 할 일은 너에게 주어진 문제가 어떤 것이지 정확하게 아는 것이야. 그 다음에야 정말 너에게 필요한 자료를 찾을 수 있어. 물론 가능한 한 많은 자료를 읽는 것이 도움이 되기도 하고, 전혀 예상치 못했던 자료에서 중요한 아이디어를 얻을 때도 있지만 바쁜 세상에 그런 걸 기대하고 확실치 않은 자료를 다 읽은 수는 없는 일이지. 특히 요즘 같은 정보의 홍수 속에 정말 자신에게 꼭 필요한 자료만을 엄선할 수 있는 것은 중요한 능력이거든. 그리고 정말 필요한 자료를 찾아야 해답도 쉽게 찾을 수 있지."

"그렇군요. 결국 자료 안에서 문제의 해결책을 찾아야 한다는 말씀인가요?"

"그렇다고 할 수 있지. 그런데 자료를 통해 해결 방안을 제시할 때도 주의할 것이 있어."

"그게 뭔가요?"

"비즈니스 보고서는 돈과 직결되기 때문에 설득력 있게 방법을 제시해야 한다는 거야. 왜냐하면 돈과 관련되었을 때는 더욱더 핵심을 찔러야 하기 때문이지. 학문적 글쓰기는 직접 돈과 관련이 없기 때문에 자신의 견해가 많이 반영되어도 상관없고 오히려 독창적인 자신만의 견해가 더 좋은 평가를 받을 수 있지. 하지만 비즈니스 글쓰기는 자신의 견해보다는 현실에 근거를 두고 자신의 주장을 펼쳐야 해. 사실이 말하는 바를 잘 들어야 한다는 거지."

"그렇게 말씀하시니까 너무 살벌한 것 같은데요. 아무리 비즈니스 글쓰기가 사업을 위한 것이라고 하지만 그렇게까지 말씀하실 필요는…."

멘토가 현민의 말꼬리를 자르고 끼어들었다.

"없다는 말이겠지. 그런 면도 있지만 내가 하고픈 말은 사업상의 보고서를 쓸 때는 현실을 잘 말해 줄 수 있는 자료를 찾아야 한다는 거야. 조금 전에 신문 기사에서 자료를 찾는 것이 보고서를 쓰기 위한 첫 단계라는 것을 봤지? 이런 의미에서 자료를 찾는 것은 보고서를 위한 가장 중요한 단계라고도 볼 수 있는 거야. 이제 보고서의 목적을 알았으니 자료를 활용하는 방법으로 넘어가자."

0 2 이것만은 꼭!

설득력 있게 해결 방법을 제시하라!

보고서의 목적은 문제를 해결하기 위한 것이다. 다시 말해서 해결해야 할 문제를 정확하게 알고 그에 대한 해결 방안을 내놓는 것이다.

보고서를 쓰기 위해 이것저것 자료를 찾았지만 정작 그것을 어떻게 이용해야 할지 모른다고 말하는 사람들이 있는데 이는 해결해야 하는 문제가 무엇인지 제대로 알고 있지 못하다는 얘기일 수 있다.

그러므로 자료를 수집하기 전에 주어진 문제가 무엇인지 정확하게 아는 것이 중요하다. 그 다음에야 정말 필요한 자료를 찾을 수 있기 때문이다.

다만 자료를 통해 해결 방안을 제시할 때 한 가지 주의할 점이 있다. 비즈니스 보고서는 돈과 직결되기 때문에 자신의 견해보다는 현실에 근거를 두고 설득력 있는 방법을 제시해야 한다는 것이다.

보고서의 기본, 자료 찾기

자신의 가설을 지지하는 자료뿐 아니라 예상되는 반박자료까지 수집해야 한다.

| 튼튼한 자료가 튼튼한 가설을 만든다 |

"자료를 활용하는 방법은 앞에서 말씀하신 거 아니었나요? 자료를 통해 문제의 해결 방법을 찾는 거잖아요."

"눈치 한번 빠르구나."

"그럼요. 식당개 3년이면 라면도 끓이는데 저도 도서관에 온 지 좀 되지 않았습니까. 이 정도는 눈치로도 알 수 있습니다."

"그래, 어쩐지…. 3년이 안 돼서 그런지 절반만 눈치 채고 있구나. 그게 전부면 내가 이런 얘기를 다시 꺼내지 않았겠지."

"그럼 다른 게 더 있나요?"

"그렇단다. 누구나 보고서를 쓸 때 어떤 문제에 대해 나름대로의 생각을 가지고 있어야 하지. 물론 과제를 받자마자 어떤 생각이 떠오르는 경우도 있을 거야. 하지만 그렇지 못한 경우는 자료를 읽으면서 생각을 얻을 수 있어. 그리고 자료를 이용해서 자신의 생각이 올바른 방향으로 나가고 있는지 검증도 할 수 있거든. 2권에서 논증에 대해서 설명하면서 결론을 뒷받침할 수 있는 전제가 있어야 한다고 했지?"

"보고서를 쓰는 데도 논증이 필요한 건가요?"

현민이 흠칫 놀라며 질문했다.

"당연하지. 논증은 모든 실용적 글쓰기의 기초라고 할 수 있지. 그래서 논증에 대해서 그렇게 자세하게 설명한 거 아니겠냐. 그때 전제를 찾는 방법을 연습했던 거 기억하나?"

"물론이죠."

"그래, 보고서를 쓸 때는 네가 찾은 자료가 바로 전제가 되는 거다. 전제가 튼튼해야 결론이 튼튼할 수 있는 것처럼 자료가 확실해야 설득력 있는 해법을 제시할 수 있는 법이지. 결국 해결 방법을 제시하는 것이 바로 논증을 만드는 과정이라고 보면 된다."

"이해는 가는데요. 단순히 논증을 만드는 것하고 보고서에 맞도록 자신의 생각을 만드는 것하고는 좀 차이가 있을 것 같은데요. 보고서는 권력 관계 아닙니까. 권력 관계에서 나오는 특징을 말씀해 주셔야죠."

"이제 내가 하려는 말을 먼저 하는구나. 쩝."

멘토는 입맛을 다시고는 설명을 계속했다.

"이 부분은 예를 들어 설명해 주마. 가령 새로운 영화가 개봉되는데 10대와 20대를 겨냥한다고 해 보자. 과제는 '10대와 20대를 공략하는 마케팅 방안 중 특히 카피를 무엇으로 할 것이냐 라고 해 보자. 이런 과제가 주어졌을 때 보고서를 작성하는 사람은 보통 어떤 입장에 놓여 있겠느냐?"

"글쎄요. 잘 써야 한다고 생각하지 않을까요."

"한동안 대답을 잘 한다 했더니만…."

멘토가 혀를 차며 얘기했고, 현민은 빙그레 웃으며 말했다.

"히히. 사실 잘 모르겠습니다."

"넉살도 좋다. 아무튼 보통 과제를 준 사람은 상사겠지. 그 상사는 과제에 대해 자신의 안을 이미 갖고 있다. 즉 어떻게 공략하면 좋겠다는 것을 생각하고 있으면서 아랫사람에게 한번 시켜 보는 것이지. 확인을 하기 위해서거나 요식적인 절차로서. 따라서 어떤 때에는 보고서를 잘 쓴 것 같은데 계속 퇴짜를 맞게 되기도 하지."

"그렇다면 상사가 권력이 더 세기 때문에 상사의 안과 맞지 않으면 채택되지 않겠네요."

"채택이 안 된다기보다는 고생을 한다는 것이지. 보고서는 권력 관계라고 했잖냐."

"그럼 어떻게 해야 하나요? 상사가 복안을 이미 갖고 있는데 그 안을 변경시키거나 폐기시키려면."

"근거 자료가 충실한 보고서를 만드는 것이 중요하지. 상사가 네 생각과는 전혀 다른 의견을 가지고 있다고 해도 네 주장에 대한 근거가 튼튼하다면 극복할 수 있다는 것이지. 그러니 자료의 중요함을 알겠지? 자료는 너에게 아이디어를 주기도 하지만 네 아이디어에 함부로 반발하지 못하도록 든든하게 지지해 주기도 하거든."

"자료라고 하면 자신 있습니다. 제가 또 인터넷 서핑에는 일가견이 있다는 거 아닙니까. 정보의 보고 인터넷, 인터넷만 있으면 어떤 자료든 찾을 수 있는 거 아닌가요?"

현민은 자신감이 넘쳐 큰 소리로 말했다.

"그렇게 대답할 줄 알았다. 하지만 자료를 찾을 때는 신문이나 잡지, 인터넷만 뒤져서는 안 된단 말씀이다. 신문 기사나 인터넷에서 찾은 자료는 현재의 상황이나 논점을 빠르게 알 수 있다는 장점이 있지. 하지만 누구든지 쉽게 얻을 수 있기 때문에 자료로서의 가치가 크지 않아. 설득력 있는 보고서를 위해서는 보다 근본적인 리서치가 필요하다는 거지. 10대나 20대를 대상으로 한 영화의 카피라면 그들의 문화나 생활, 사고방식 등을 분석한 책이나 논문들이 오히려 큰 도움이 될 수 있어. 그래야 비로소 10대, 20대에 대한 새롭고 깊이 있는 시각을 가질 수 있고 신선한 카피도 나올 수 있는 거야. 네가 보고서를 써야 하는 노래방도 마찬가지야. 굳이 노래방과 직접적으로 관련된 자료가 아니더라도 한국 문화에 관한 책이나 논문을 읽으면 노래방이라는 현상을 우리나라의 문화적인 측면에서 바라볼 수 있게 된다는 거야. 즉 노래방과 관련된 자료만 읽어서는 나올 것이 별로 없다는 얘기다."

"하지만 책이나 논문은 읽는 데 시간이 많이 걸리고 어렵지 않나요? 시간도 별로 없는데 그런 자료를 언제 다 읽겠어요."

"그런 걱정은 하지 않아도 된다. 책을 산다고 해도 전부 다 읽을 필요 없이 필요한 부분만 읽으면 되고, 논문을 찾는 것도 인터넷 서점에서 얼마든지 할 수 있을 뿐 아니라 그 역시 필요한 부분만 읽으면 되는 것이지. 성과 없이 인터넷을 돌아다니는 것보다 훨씬 시간을 절약할 수 있다. 또 다른 방법으로는 학계나 정부에서 발간하는 간행물을 보는 것인데, 책이나 논문에서는 네가 알고자 하는 분야의 사회·역사적 맥락을 알 수 있다면 정부 간행물은 원하는 주제에 대해 보다 객관적이고 심도 있는 자료를 제공한다는 점에서 사용 가치가 있지."

멘토는 특유의 차분한 어조로 설명했다.

"그러니까 자료를 찾아서 읽되 보다 깊이 있는 책이라든가 논문을 읽어야 한다는 것이지요?"

"그렇지. 일반적인 자료를 의미있게 만들어 주는 것이 바로 책이나 논문 같은 깊이 있는 자료들이지. 이밖에도 관련 업계에 있는 사람들로부터 현장의 상황을 직접 전해 듣는다거나 소비자를 직접 면담하는 방법도 있어. 이렇게 자신만의 특별한 경로를 통해서 차별화된 자료를 얻을 수 있다면 성공적인 기획서를 쓰기 위한 첫 단계를 넘었다고 생각해도 좋아."

| 가설을 위한 씨실과 날실, 자료와 아이디어 |

"그럼 다음 단계는 무엇입니까?"

"다음 단계는 읽은 자료와 자신의 경험을 결합하여 가설을 만드는 거지. 이 단계가 바로 창의력을 요하는 단계라 할 수 있어.

창조적인 단계인 만큼 힘이 많이 들겠지. 하지만 요령이 없는 것은 아니야. 즉 하루 동안 열심히 생각하고 하루쯤 쉬어야 한다는 거야. 휴식 없이 계속 생각에 몰두하는 것은 오히려 뇌의 창의적 작업을 방해하는 결과를 가져올 수도 있어. 뇌는 우리가 쉬는 동안에도 작업을 계속하거든. 따라서 하루는 열심히 고민하고 다음날은 다른 일을 하면 그 다음날 생각지 못한 좋은 아이디어가 떠오를 때가 많다는 거야. 자신의 가설을 만들어 내는 과정은 힘들지만 보고서의 성패는 여기에서 갈린다고 할 수 있지. 얼마나 창의적이고 좋은 아이디어가 나오는가는 이 단계에 달려 있으니까."

"저도 제발 창의적인 아이디어를 내 봤으면 좋겠어요. 근데 그런 아이디어가 쉽게 나오는 게 아니거든요. 그런 아이디어를 찾아낼 수 있는 방법이 있으면 좀 알려주세요."

"그걸 알면 내가 여기서 멘토를 하고 있겠냐? 안타깝지만 창의적인 아이디어를 발굴하는 왕도는 없다. 대부분의 사람들이 참신한 아이디어라고 하면 에디슨이나 아인슈타인처럼 대단한 생각을 해 내는 것이라는 고정관념을 가지고 있는데, 우리가 위대한 아이디어라고 생각하는 것도 알고 보면 작은 사실에서 시작된 것들이 많아. 프랑스의 소설가인 마르셀 프루스트가 이런 말을 했지. 발견이란 새로운 장소를 발견하는 것이 아니라 새로운 시각을 갖는 것이라고. 글쓰기도 마찬가지야. 보고서에도 반드시 획기적인 아이디어를 써야 한다는 강박관념을 버려야 해. 누구나 알고 있는 평범한 사실을 뒤집어 보거나 아주 조금만 비

틀어 새로운 시각으로 바라보려는 작은 시도에서 사람들의 시선을 끌 수 있는 좋은 생각이 나올 수 있다는 거야. 물론 항상 새로운 시각을 갖도록 노력하는 것도 쉬운 일은 아닐 거야. 하지만 일상생활에서 뒤집어 생각하고 다른 각도에서 바라보는 연습을 하다 보면 재미도 있을 거고, 창의력도 얻을 수 있을 거다. 그야말로 일석이조 아니냐."

"네, 그렇지요. 하지만 왕도는 아니어도 뭔가 방법이 있지 않을까요?"

현민이 절박하다는 듯이 캐문자 멘토가 다시 입을 열었다.

"녀석도 참, 집요하게 묻는구나. 정답이라고는 할 수 없어도 많은 사람들이 쓰는 방법이 있지."

"그게 뭔가요?"

"그 중 하나는 이렇다 할 아이디어가 떠오르지 않을 때 많이 사용하는 방법이지. 너도 많이 들어보기는 했을 거다. 브레인스토밍이라고."

"들어보기는 했죠."

"네가 생각하고자 하는 문제를 적은 후에 거기서 파생되는 생각들을 계속 적어 나가는 방법이지. 이때 중요한 것은 절대 자기 머릿속에서 떠오르는 개념을 선입관으로 미리 재단해서 지워 버려서는 안 된다는 거야. 브레인스토밍의 가장 큰 특징은 논리적으로 생각하지 않는다는 것이지. 그냥 자유롭게 생각나는 대로 적어 나가는 거야. 이렇게 끊임없이 아이디어를 적은 후에 그 아이디어들을 재구성해 보는 거야. 이런 과정을 몇 번 반복하다 보면 좋은 아이디어가 떠오르면서 생각도 정리될 수 있을 거다."

멘토는 잠시 목소리를 가다듬고 다시금 설명을 시작했다.

"브레인스토밍이 아이디어가 떠오르지 않을 때 사용하는 방법이라면 너무 많은 자료들을 읽어 생각이 정리되지 않을 때는 그 자료들을 도식화해 보는 것도 좋아. 우리나라 사람들에게는 좀 낯선 방법일지 모르는데 GE의 잭 웰치가 이런 방법을 아주 좋아했다고 하지. 특히 잭 웰치는 세 개의 원을 이용해서 개념을 명료하게 정리하는 방법을 주로 사용했는데 GE의 혁신적 변화를 가져온 그의 경영 이념도 이런 도식화 과정에서 나온 것이라고 해. 21세기는 정보의 홍수 시대 아니냐. 개별적으로 흩어져 있는 정보들을 어떤 형식으로 엮어 내느냐 하는 것도 중요한 아이디어의 하나일 수 있지. 여러 가지 경로를 통해 모은 자료를 체계화해서 자신만의 새로운 관점으로 재구성하는 데는 이런 방법이 아주 효과적일 수 있지."

"어휴! 자료도 찾아야 하고, 창의적 생각도 해야 하고…. 보고서 한 장 쓰는 것이 쉬운 일이 아니군요."

"이 세상에 쉬운 일이 어디 있냐. 처음에는 쉽지 않겠지만 자료를 천천히 읽어 가다 보면 어떤 아이디어가 생각날 거야. 거기에 살을 붙이면서 자신만의 가설을 만들어 가는 거지. 말하자면 자료와 아이디어라는 씨실과 날실을 엮어서 자신의 가설을 만들어 나간다는 거지."

| 가설을 보완하라 |

"그럼 자신의 가설을 만든 다음에는 무엇을 합니까?"

"곧 이야기가 나오겠지만 자신의 가설을 입증할 자료를 모으는 것이지."

"가설을 세우기 전에 읽은 자료가 가설을 입증할 자료가 될 수도 있나요?"

"물론이지. 하지만 그것만으로는 부족한 게 보통이니까 좀 더 자료를 모아야 할 거야."

"잘 알겠습니다. 근데 쉬워 보이지는 않네요. 그건 그렇고 과제를 받았을 때 문제를 평소에 공유하고 있었기 때문에 어렴풋이 어떤 생각이 떠오르는 경우에는 어떻게 하나요?"

"동시에 상사가 이미 자신의 안을 갖고 있을 때를 말하는 거지?"

"예. 상사가 구체적인 아이디어가 없는 경우도 포함해서요."

"자료가 스스로 말하게 해야지. 어떤 사실에 대한 해석은 다양할 수밖에 없어. 다양한 해석이 서로 부딪히면 힘센 사람이 이기게 되어 있지. 따라서 해석보다는 우선 자료가 스스로 말하게 하는 것이 중요해."

멘토는 간단하게 대답했지만 현민은 얼른 이해가 되지 않았다.

"어려워지는데요. 자료가 스스로 말한다? 무슨 말인가요?"

"예를 들어 앞에 말한 영화가 통일에 관련된 것이라고 해 보자. 그럴 경우 통일과 10, 20대의 관계에 대한 실증적인 자료가 필요하다는 것이야."

"어떤 자료를 말씀하시는 건가요?"

"10, 20대는 통일에 관해 어떻게 생각하고 있느냐는 것이지. 논문이라든가 통계라든가 그전에 나왔던 유사한 영화의 카피라든가 등등. 그런데 중요한 것은 이런 자료를 모으기 전에 자신의 생각을 점검하는 거야. 즉 이런 순서가 되겠지."

스크린 위로 메모처럼 보이는 도표가 내려왔다. 도표는 비교적 단순해 보였는데 현민은 소리 내어 따라 읽어보았다. 물론 속으로.

```
과제가 주어진다.
        ▼
자신의 가설을 만든다.
        ▼
자신의 가설을 입증할 자료를 모은다.
        ▼
자신의 가설을 반박하는 자료를 모은다.
        ▼
자신의 가설을 수정 또는 보완한다.
```

별 내용이 없어 보였다. 자료와 아이디어를 합쳐서 가설을 만들라는 이야기는 이미 했던 것이고, 그 외에는 특별히 눈길을 끄는 내용이 없었다.

"보고서 제출을 지시하는 상사가 마음속에 복안을 갖고 있다는 것은 알겠는데요. 도표에 나오는 순서는 무슨 의미가 있는지 잘 모르겠습니다."

조금은 불쾌한 표정을 지으며 멘토가 현민을 쳐다보았다. 중요한 이야기를 했음에도 불구하고 무슨 말인지 못 알아들어 답답해하는 것 같았다. 하지만 멘토는 차분하게 설명을 시작했다.

"자료를 모을 때 보통 자신의 가설을 지지하는 것을 모으기 쉽지. 왜냐? 분명하잖아. 자신의 가설을 지지하는 증거가 많을수록 자신의 주장이 더 설득력을 얻을 테니까. 따라서 이 점에 관해서는 더 설명할 필요가 없을 거야. 그렇다면 왜 자신의 가설을 무너뜨릴 수 있는 반대 자료도 모아야 하느냐?"

"반대 자료요? 글쎄요. 반대 의견을 파악하고 그것을 무너뜨리면 자신의 가설을 돋보이게 할 수 있지 않나요?"

"대충 맞는 말이다. 어디서 배웠느냐?"

"전에 논증 만들기에서 배웠습니다. 좋은 논증의 조건에 반박 잠재우기가 있었거든요. 예상되는 반박을 염두에 두지 않으면 치명적일 수 있다는 것입니다. 따라서 작성자가 먼저 예상되는 반박을 조사해서 잠재우지 않으면 안 됩니다."

"좋아, 좋아."

흐뭇한 미소가 멘토의 입가를 스쳤다.

"그런데 만약에 반박 자료를 자세히 검토해 보니 자신의 가설이 잘못되었다는 것을 발견할 수도 있는데 그럼 어떻게 해야겠느냐?"

"음, 어렵겠지만 자신의 생각을 수정하거나 보완해야 하지 않을까요? 자신이 처음에 가졌던 것은 말 그대로 가설이니까요. 반대 자료가 명백하고 강한 힘을 갖고 있다면 자신의 생각을 바꿔야 한다고 봅니다."

"역시 좋아. 이젠 알겠지?"

"예."

"지금까지의 얘기는 자료를 모으는 순서와 종류에 관한 것이고, 자료에 대해 한 가지 더 알아두어야 할 것이 있다."

03 이것만은 꼭!

자료와 아이디어, 경험을 결합하여 가설을 만들어라!

전제가 튼튼해야 결론이 튼튼할 수 있는 것처럼 자료가 확실해야 설득력 있는 해법을 제시할 수 있다. 즉 근거 자료가 충실한 보고서를 만드는 것이 중요하다. 자료를 찾을 때는 신문이나 잡지, 인터넷만 뒤져서는 안 된다. 신문 기사나 인터넷에서 찾은 자료는 현재의 상황이나 논점을 빠르게 알 수 있다는 장점이 있지만 누구든지 쉽게 얻을 수 있기 때문에 자료로서의 가치가 크지 않다. 따라서 설득력 있는 보고서를 위해서는 책이나 논문, 정부에서 발간하는 간행물 등도 살펴보아야 한다. 또한 관련 업계에 있는 사람들로부터 현장의 상황을 직접 전해 듣는다거나 소비자를 직접 면담하는 방법도 있다.

다음 단계는 읽은 자료와 자신의 경험을 결합하여 가설을 만드는 것으로, 창의력을 요하는 단계라 할 수 있다. 창의적인 아이디어를 발굴하는 왕도는 없다. 획기적인 아이디어를 써야 한다는 강박관념을 버리고, 누구나 알고 있는 평범한 사실을 뒤집어 보거나 다른 각도에서 바라보면 뜻밖에 좋은 아이디어가 나

올 수 있다. 또한 하루는 열심히 고민하고 다음날은 다른 일을 하면 그 다음날 생각지 못한 좋은 아이디어가 떠오를 때가 많다.

이렇다 할 아이디어가 떠오르지 않을 때는 문제를 적은 후 거기서 파생되는 생각들을 계속 적어 나가는 브레인스토밍이라는 방법을 사용하는 것도 좋다. 반면 너무 많은 자료를 읽어 생각이 정리되지 않을 때는 그 자료들을 도식화해 보는 것도 효과적이다.

자신의 가설을 만든 다음에는 그것을 입증할 자료를 모은다. 이때 주의할 점은 자신의 가설을 지지하는 자료뿐 아니라 예상되는 반박 자료까지 수집해야 한다는 것이다. 그리고 이 과정에서 자신의 가설이 잘못되었다는 것을 발견할 수도 있는데 그때는 자신의 생각을 수정하거나 보완하면 된다.

자료 해석은 까다롭고 어렵다

자료 중 통계를 중시하는데 이에 대한 해석은 다양할 수 있으니 주의해야 한다.

"자료에 대해 아직도 배워야 할 것이 남아 있나요?"

"그래. 바로 자료를 해석하는 방법이다."

"아니 자료가 외국어도 아니고 뭔 해석입니까? 제가 영어를 잘 못해서 해석하는 걸 원래 안 좋아하거든요."

"예끼! 이제 아주 멘토를 가지고 노는구나."

멘토와 현민의 얼굴에 미소가 번졌다. 멘토는 이내 설명을 계속했다.

"앞에서 보고서를 쓸 때는 사실에 근거한 자료를 찾아야 한다고 했지?"

"네."

"네가 찾은 자료들도 아마 객관적인 사실을 나열하는 것들이 대부분일 거야. 그런 경우에는 자료를 그대로 가져다 쓰되 네 의견을 덧붙여서 자료를 해석해 주어야 해."

"잘 모르겠는데요. 예를 좀 들어주시죠."

"예? 좋아. 그럼 통일을 주제로 한 영화를 예로 들어보자. 우리나라 영화의 주관객층이 어느 세대라고 생각하느냐?"

"잘 모르겠습니다. 통계를 봐야 하지 않을까요."

"그렇겠지. 그럼 어떤 통계를 봐야 할까? 통계도 워낙 많으니까. 게다가 신뢰도의 문제도 있고."

"여러 통계를 다 봐야 하지 않을까요. 편향된 통계도 많으니까요."

"많은 통계자료를 모았다고 하자. 그 다음에는 통계 해석의 문제가 함께 따라다니지. 같은 통계라도 해석은 다를 수 있으니까. 예를 들어 한 통계에 의하면 젊은 세대의 50% 정도는 통일을 원하지 않고 있다는 거야. 이런 통계를 어떻게 해석해야 할까?"

잠시 침묵이 흘렀다. 갑자기 얘기가 어려워진 느낌이 들었기 때문이었다. 사실이 아닌 해석의 문제라면 언제나 머리가 아프다는 것을 서로 알고 있기 때문으로 보였는데 잠깐의 침묵을 깬 것은 현민이었다.

"이것이 영화에 관한 해석이라면 저는 영화 흥행에 도움이 된다고 생각합니다."

"왜?"

"어떤 문제에 대해 찬반이 50:50이라는 것은 그만큼 논쟁거리가 될 수 있고 긴장감이 조성되기 때문에 그런 주제를 다룬다면 흥행에 유리할 것이기 때문입니다."

"그러니까 선거도 팽팽해야 관심이 높고 투표율도 높다는 것과 같은 이치라는 말이구나."

"예."

"하지만 통일 문제에서 통일을 찬성하는 50%가 사실은 별 열정 없이 찬성하는 사람들일 수 있지 않을까? '우리의 소원은 통일'이라고 교육을 받았기 때문에 그냥 그렇게 생각할 수 있다는 것이지."

"그렇게 해석한다면 찬성이나 반대의 열기도 읽어야 한다는 말씀인데 지나친 거 아닌가요?"

"통계가 갖는 함정이나 해석의 위험을 경고하자는 것뿐이니까 그렇게 발끈할 것은 없다. 재미난 통계 얘기 하나 해 주마."

재미난 얘기? 귀가 솔깃해졌다. 보통 이런 경우 멘토는 농담을 하는데 대개 썰렁하였다. 멘토 자신은 재밌다고 생각하는 모양이었으나 한물 지나간 분위기가 났기 때문이었다. 이번에도 예외는 아니겠지 생각하며 현민은 별 기대 없이 듣기로 했다.

"사람이 어느 곳에서 가장 많이 죽는 줄 아느냐?"

"죽는 장소요?"

"그래, 장소."

"병원 아닐까요? 사고가 나면 병원으로 옮기잖아요."

"한 통계에 의하면 안방에서 가장 많이 죽는다는 거야. 병원에서 가망 없으면 퇴원하라고 하니까. 그러니까 안방이 가장 위험한 곳이지. 따라서 안방을 피해야 돼."

"그게 재미있는 얘긴가요? 역시 썰렁하네요."

"썰렁하긴 하지만 그래도 교훈은 있어. 뭐냐? 통계를 읽을 때 주의해야 된다는 것이지. 이게 무슨 말인고 하면 자료를 수집하고 정리하는 일이 중요한데 그 다음 작업인 자료에 대한 해석은 아주 까다롭고 어려운 작업이라는 거야. 흔히 사람들은 자료 중

에서 특히 통계를 중시하는데 이것은 통계가 숫자로 되어 있어 객관적이라고 착각하기 때문이야. 하지만 통계가 정확하더라도 통계를 어떻게 읽느냐는 앞서 보여준 것처럼 해석의 문제가 개입되어 있기에 근본적으로 어렵다는 것이지. 알겠냐?"

"갑자기 심각해지는데요. 무슨 말인지는 알겠습니다."

"여기서 잠깐 처음에 보았던 업무문서 작성요령을 다시 생각해 보자. 첫 번째가 '일단 자료부터 확보'하라는 것이었지. 이는 자료를 찾기 전에 컴퓨터 자판부터 두드리지 말라는 것인데 자료의 수집과 해석의 문제를 생각한다면 이와 같은 충고는 별로 도움이 되지 않는다는 거야."

"일단 자료부터 확보하라는 충고는 자료가 무엇인지 잘 모르고 하는 충고라는 말씀인가요?"

"잘 모른다기보다 자료 확보라는 말이 단순히 관련 자료를 모으는 데 그쳐서는 안 된다는 말이지."

"그게 무슨 말씀이죠?"

"앞서 얘기했지만 정리를 해 보자. 크게 두 가지다. 첫째, 자료는 막연히 관련 있는 것을 모으는 것이 아니라 자신의 가설을 지지하거나 반박하는 것을 모아야 한다는 것이지. 그리고 가설이라는 것은 얼마든지 변할 수 있다는 것을 잊으면 안 되고. 하지만 일단 자신의 가설을 가지고 자료를 수집해야 제대로 된 보고서를 쓸 수 있다는 것을 명심해야 한다는 것이야. 그리고…."

말을 이으려는 찰나 현민이 끼어들었다.

"그리고 자료를 수집하는 것뿐만 아니라 자료는 해석을 해야만 하는데 해석은 아주 골치 아픈 문제다, 이런 말씀이죠?"

"이제 네가 멘토 하려고 하냐? 대충 맞는 말이다. 어렵게 얘기해 보면 해석 없는 자료는 없다는 거지. 모든 자료는 해석이 되어야 자료로서의 자격을 갖게 되는데 해석은 해석하는 사람에게 많이 의존하기 때문에 언제나 논쟁거리가 될 수밖에 없다는 것이다."

"질문 있는데요. 그럼 자료를 어떻게 사용할 수 있나요? 자료에는 해석이 붙을 수밖에 없고 해석이 해석자에게 영향을 받는다면 아무리 많은 자료를 들이대도 거부할 수 있지 않나요?"

"좋은 질문이다. 하지만 방법이 있지."

04 이것만은 꼭!

자료는 해석될 때 가치가 있다!

보고서를 쓸 때 흔히 객관적 사실에 근거한 자료를 사용한다. 이 경우 자료를 그대로 가져다 쓰되 자신의 의견을 덧붙여서 자료를 해석해 주어야 하는데 이는 상당히 까다롭고 어려운 일이다.

해석 없는 자료는 없다. 모든 자료는 해석이 되어야 자료로서의 자격을 갖게 되는데 해석은 해석하는 사람에게 많이 의존하기 때문에 언제나 논쟁거리가 될 수밖에 없다.

특히 통계를 읽을 때는 주의해야 한다. 통계가 숫자로 되어 있어 객관적이라고 착각하기 쉬운데, 통계를 어떻게 읽느냐는 해석의 문제가 개입되어 있기에 자료 자체가 정확하더라도 그것을 해석하는 일은 근본적으로 어려운 작업이다.

자료가 스스로 말하게 하라

논증을 구성해서 관련된 자료를 순서에 맞게 정리해 제시하면 된다.

　방법이 있다는 확고한 답이 나오자 조금은 당황스러웠다. 단호한 태도를 무엇으로 감당하시려나? 자료 해석이 해석자에게 상당 부분 의존한다면 해결이 쉬워 보이지는 않는데…. 현민은 의아한 표정을 지으면서 멘토를 보았다. 멘토는 그런 현민의 마음을 읽은 듯 입을 열었다.

　"왜 걱정 되냐?"

　"조금요."

　"걱정하지 마라. 앞서도 얘기했듯이 자료가 스스로 말하게 하면 된다. 무슨 말인고 하면 다양한 해석 중에 자신의 해석 그리고 자신의 가설이 옳다는 것을 증명하기 위해서는 관련된 자료를 순서에 맞게 잘 정리해서 제시하는 것이 가장 좋은 방법이라는 것이다."

"순서에 맞게 잘 정리해서 제시한다는 것이 무슨 말입니까?"

"의문점을 차례로 풀어 준다는 뜻이다. 예를 들어 통일을 주제로 하는 영화를 만드는데 10대와 20대가 주관객층이 될 것인가를 조사한다고 해 보자. 작성자가 10, 20대는 통일에 별 관심이 없다는 가설을 갖고 자료 수집에 들어간다고 하자. 따라서 통일을 주제로 하는 영화는 30대 이상을 겨냥하는 것이 좋다는 것을 결론으로 삼으려 한다고 해 보자. 이때 많은 자료가 제시되지 않겠냐. 우선 10, 20대가 통일에 대해 어떤 생각을 갖고 있는지, 그리고 10, 20대를 겨냥한 통일 영화가 그 동안 어떤 평가와 흥행을 기록했는지, 또 성공한 영화가 있다면 성공이 주제에 기인한 것인지 주연배우의 개인적 인기에서 비롯된 것인지 시나리오 덕분인지, 또한 실패한 영화에 대한 분석도 나와야겠지. 이것 말고도 개봉 시기, 스크린 수, 마케팅 등등 얼마나 많은 변수가 자리 잡고 있겠냐. 이런 것에 대해 큰 그림을 그리고 나서 자료를 수집해야지 그렇지 않으면 어떻게 모든 자료를 다 수집할 수 있겠냐."

"질문이 있습니다. 자신의 가설을 먼저 가져야 한다는 것은 이해하겠는데요. 여전히 순서에 맞게 잘 정리해서 자료를 제시한다는 것은 어떤 뜻인지 잘 모르겠습니다."

"그것은 논증을 생각하면 된다. 편의상 다음과 같이 형식화하겠다."

단순해 보이는 표가 스크린 위에 나타났다. 현민은 화살표를 따라 읽었다.

스크린을 보면서 멘토가 말을 이었다.

"어때, 이 정도면 순서대로 자료를 제시한다는 의미를 알겠지?"

"그러니까 논증의 순서대로 자료를 제시하면 된다는 것이지요?"

"그렇지. 조금 더 설명해 보자. 우선 논증의 중요성이야."

"자료 얘기하다 말고 왜 논증을 거론하시는 건가요?"

"잘 봐라. 자료를 제시하고 자료가 스스로 말하게 하려면 왜 그 자료가 제시되는지가 분명해야 되지 않겠느냐. 아무 맥락 없이 자료를 제시하는 것은 생뚱맞지 않겠느냐?"

"조금 더 구체적으로…."

"무슨 말이냐 하면, 집을 짓는 것을 생각해 보자. 집을 짓고 싶을 때 어떤 집을 짓고 싶다는 나름의 형태가 있겠지."

"그렇지요."

"그게 자신의 가설에 해당한다고 할 수 있지. 하지만 마음만 가지고 집을 지을 수는 없으니까 여러 가지를 고려하게 되지. 예산, 허가, 기술자, 자재 등등. 이런 것들은 자료를 수집하는 과정이라고 할 수 있어. 이때 구할 수 없는 자재가 발생하면 처음의 설계를 변경할 수밖에 없겠지. 이것은 부인할 수 없는 반대 자료가 나올 경우 자신의 가설을 수정 또는 보완하는 것과 비슷하겠지. 이런 과정을 통해 실행 가능한 설계가 대강은 나올 거야. 하지만 구체적인 설계도면이 나오기 전에는 아직 머릿속에 있는 아이디어에 불과하다고 할 수 있어. 중요한 것은 설계도면을 직접 그리는 것이지."

음, 얘기가 길어지는구나. 결국 집을 짓는 것과 보고서 작성은 비슷한 과정을 거친다고 말하고 있는 것 같은데…. 그렇게 말하니까 또 그런 것 같기도 하다. 하지만 그렇게 말하자면 그 어떤 과정과도 비슷하지 않을까. 아니야, 따지지 말고 더 들어보자. 설계도면 그리는 것이 논증을 만드는 것과 비슷하다는 말까지 했지. 잠깐 동안이었지만 현민은 혼자 중얼거리고 있었던 것 같다. 멘토가 한마디했다.

"뭘 그리 생각하느냐? 맘에 안 드는 거 있냐?"

"아닙니다. 논증을 만드는 것이 어떤 점에서 중요합니까?"

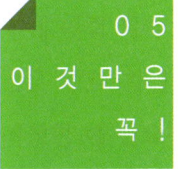

05 이것만은 꼭!

자료를 논증의 형식으로 제시하라!

자료 해석은 해석하는 사람에게 많이 의존하기 때문에 언제나 논쟁거리가 될 수밖에 없다. 그러므로 보고서를 작성할 때는 자료가 스스로 말하게 해야 한다. 즉 다양한 해석 중에 자신의 해석 그리고 자신의 가설이 옳다는 것을 증명하기 위해서는 왜 그 자료가 제시되는지를 분명하게 드러낼 필요가 있다는 얘기다. 다시 말해 전제와 결론의 형식을 갖춘 논증을 구성해서 관련된 자료를 순서에 맞게 잘 정리해서 제시하면 된다.

보고서를 위한 설계도, 논증 만들기

자신의 의견에 대한 논증을 만들고, 각각의 근거자료를 찾는다.

"논증이 없으면 보고서를 쓸 수 없기 때문이다. 설계도면 없이 집을 지을 수 있냐? 없지. 마찬가지다. 많은 생각이 있고 많은 자료가 있어도 논증을 만들 수 없다면 아직 생각이 정리되지 않은 것이다. 예를 들어볼까? 앞의 영화 얘기를 해 보자. '통일을 주제로 하는 영화는 30대 이상을 겨냥하는 것이 좋다'는 것을 결론으로 한다면 어떤 전제가 나와야 하는가? 그리고 어떤 반박을 잠재워야 하는가? 이런 것들을 정리해서 논증을 만들어야 보고서가 된다는 거야."

"그럼 논증은 어떻게 만드나요?"

"캬, 여기서 그런 질문이 나오다니! 논증을 어떻게 만드는가 하는 문제는 2권에서 이미 다루었다. 여기에서 다시 하면 같은 내용 반복해서 우려먹는다고 할 테고, 다루지 않으면 2권을 팔

아먹으려는 상술이라고 할 텐데, 어쩌면 좋겠느냐?"

"그게 뭐 어렵습니까? 논증은 2권에서 자세히 배우라고 하면 되죠. 저는 이미 배웠으니까 진도 나가시죠."

"그럼 왜 논증을 어떻게 만드느냐고 질문했느냐?"

"예의상 해야 할 것 같아서요."

현민은 아무렇지도 않은 듯 멘토를 쳐다보며 대답했다.

"고맙다, 생각해 줘서. 그럼 영화 기획서를 쓴다는 가정 하에 논증을 한번 만들어 보자. 영화를 만들기 위해서 우선 어떤 부분을 고민해야 할까?"

"글쎄요. 우선 내용과 관객층에 대한 분석이 필요하겠지요."

"맞다. 그리고 또 뭐가 있을까?"

"음…. 요즘 한류다 뭐다 해서 일단 스타가 나오지 않으면 영화도 성공하기 힘들지 않을까요?"

"그렇지. 영화나 광고 등의 대중매체에서는 캐스팅도 중요한 고려의 대상이 되겠지. 그리고 또 뭐가 있을까?"

"이젠 모르겠는데요."

"시대적 흐름을 보는 것도 중요하겠지. 그때그때에 따라 시대적 흐름을 보는 것도 영화 기획의 중요한 요소일 수 있거든. 그리고 마지막으로 영화의 장르를 들 수 있겠지. 통일을 다루되 어떤 식으로 다룰 것이냐. 즉 재미있게, 아니면 감동적으로? 다큐멘터리 형식으로? 아무튼 통일을 주제로 한 영화를 기획한다고 하고 이런 내용들을 고려해서 다음과 같이 논증을 만들었다고 해 보자."

전제 1　젊은 세대는 통일 문제에 별 관심이 없다.
전제 2　이제는 이념의 시대가 아닌 실용주의 시대이다.
전제 3　젊은 세대의 스타를 통일 문제와 결합하는 것은 어렵다.
전제 4　젊은 세대가 영화의 주관객층이지만 무거운 주제를 선호하지 않는다.
결론　　통일을 주제로 하는 영화는 30대 이상을 겨냥하는 것이 좋다.

낯설지 않은 논증 형식이었다. 그렇다고 해서 설마 이 논증이 좋은 논증이라고 예를 든 것은 아니겠지. 어딘가 엉성해 보이는 논증이었다. 그래, 단지 보고서 작성을 위해 편의상 제시한 것일 거야. 어쨌든 지금은 그게 중요한 것이 아니니까 다음 이야기를 들어보자. 아니나 다를까 멘토가 입을 열었다.

"논증이 엉성하다고 생각하고 있지? 하지만 어떤 의미에서 제시했는지 알 거라 생각한다."

"예. 그런데 논증이 설계도에 해당된다고 하셨는데 그 다음은 어떻게 해야 합니까? 바로 보고서를 작성하나요?"

"좋은 질문이다. 일단 위에 제시된 논증이 자신이 말하고자 하는 바라고 가정하자. 즉 통일을 주제로 하는 영화는 30대 이상을 겨냥해야 한다고 주장하고 싶은데 그 근거로 전제 네 개를 댄 것이지. 이렇게 논증을 만들었다고 해 보자. 이 논증 자체를 보고서에 직접 쓸 수 있겠느냐?"

"그대로 써도 되지 않을까요. 간단명료하게 보이려면 써도 좋을 것 같은데요."

"2권을 제대로 보기는 한 거냐? 우선 이 논증을 보고서에 쓰기 위해서는 전제를 뒷받침하는 근거가 있어야 한다. 이제 근거를 하나씩 찾아보자. 전제가 모두 몇 개냐?"

"네 개입니다."

"그렇지. 그럼 전제 1부터 시작하는 거야. 즉 '젊은 세대가 통일 문제에 별 관심이 없다'는 것을 지지해 줄 근거를 찾는 것이지. 통계나 전문가가 쓴 글, 신문 기사 등등. 전제 2 '이제는 이념의 시대가 아닌 실용주의 시대'라는 것을 지지하는 근거도 마찬가지겠지. 결국 근거가 될 수 있는 것은 통계, 전문가의 견해, 다른 나라와의 비교 자료 등이 아니겠냐. 물론 어떤 문제인가에 따라 다르겠지만. 다음의 내용을 보자."

[통일연구원 2004]의 "북한, 통일 문제에 대하여 어느 정도 관심을 가지고 있습니까?"란 질문에는 '관심이 없다(별로 관심이 없다 45.2%, 전혀 관심이 없다 12.2%)가 57.4%로서 다수를 차지하였고, 관심이 있다고 응답한 청소년은 42.6%(약간 관심이 있다 35.5%, 매우 관심이 있다 7.1%)로 절반에도 못 미치는 수준이었다. 또한 "북한, 통일 문제에 대하여 어떤 생각을 갖고 있습니까?"란 질문과 함께 모두 4가지 문장을 제시한 결과 (…) '이해하기 어려운 주제이다'에 49.9%, '딱딱하고 재미없는 주제이다'에 45.4%, '청소년보다는 성인들의 문제이다'에 41.7%, 그리고 나와는 상관없는 문제이다'에 33.9%가 그렇다는 응답을 보였다. 이상에서 살펴보듯이 청소년들의 거의 과반수가 통일 문제에 대하여 관심이 없는 것을 알 수 있다.

	관심이 있다		관심이 없다	
	아주 관심	조금 관심	별로 무관심	전혀 무관심
국정홍보처 2005	58.8		41.2	
	5.7	53.1	34.9	6.3
통일연구원 2004	42.6		57.4	
	7.1	35.5	45.2	12.2

―〈청소년 통일문제 관심 제고 방안〉, 손기웅, 통일연구원, 2005

"통일연구원에서 발간한 논문의 내용이다. 여기서 두 가지를 알 수 있지. 그게 무엇인 것 같으냐?"

"우선 영화와 전혀 관련이 없을 것 같은 자료에서도 분명 마케팅의 배경이 되는 정보를 얻을 수 있다는 것이겠지요."

"맞았다. 영화와는 전혀 상관없는 통일연구원의 논문에서도 필요한 자료를 얻을 수 있다는 거지."

"또 하나는 뭔가요?"

"위의 글을 잘 봐라. 설문조사 결과 나온 통계자료를 가지고 저자는 청소년들의 과반수가 통일 문제에 관심이 없다고 해석하고 있지?"

"네, 그러네요."

"만약 네가 이 자료를 이용한다면 객관적인 설문조사를 사용할 수도 있고, 저자가 해석한 내용을 그대로 가져올 수도 있지. 이제 다음 근거들을 찾아보자. 두 번째 전제가 뭐냐?"

"이제 이념의 시대가 아니라 실용주의 시대라는 내용입니다."

"그래, 이 내용에 대한 근거를 찾으려면 어떤 자료를 찾는 것이 좋을까?"

"글쎄요. 최근 젊은 세대들의 소비성향이나 사고방식에 대한 자료를 찾아보면 되지 않을까 싶네요."

"그러니까 그걸 어디서 찾으면 좋을까?"

"음, 요즘 신문마다 최근 젊은 세대들에 대한 여러 가지 분석 기사들이 나오던데 그런 기사를 찾아보면 되지 않을까요?"

"그래, 나도 그렇게 생각한다. 신문에 실린 칼럼이나 최근 트렌드를 짚어 주는 책도 도움이 되겠지. 다음 내용을 한번 보자."

> 한국일보가 실시한 설문조사에서 (…) 독서 문화에서 유행을 주도하는 20대는 대학생 집단을 포함하고 있기 때문에 다른 세대에 비해 다양한 책 읽기의 여지가 많아 보이지만, 현실은 그렇지 않다. 20대를 인문사회서를 읽으며 폭 넓게 교양을 넓혀야 할 중요한 시기로 생각하지만, 인문사회과학서를 읽는 비율은 고작 6.4%에 불과하다. (…) 시 인문 정치 사회 과학 등 분야의 진지하고 심도 있는 교양서적보다 부담 없는 읽을거리와 취업 같은 눈앞의 목표 달성에 도움이 될 실용서 위주로 고르고 있다. 청년 취업이 어려운 현실 탓에 대학생들이 토익 대비 영어 공부에 열을 올릴 수밖에 없는 현실도 여실히 드러난다.
> ─ 한국일보, 2005. 1. 3.

"네 말처럼 신문에 요즘 20대들의 실용적인 성향을 보여주는 기사가 실렸구나. 이런 식으로 각각의 전제에 대한 근거 자료를 찾으면 된다. 하나만 더 해보자. 마지막 전제를 보자꾸나. 이 근거 자료는 어디서 찾으면 좋겠느냐?"

"음…. 영화에 대한 직접적인 내용이니 영화 관련 기관에서 나오는 간행물이나 영화 주간지 등의 기사를 보면 될 것 같네요."

"그래? 그러면 진짜 그런지 한번 보자꾸나."

한국 영화관객의 코미디에 대한 애착은 여러 차례 언급하였지만, 연령대별로 약간의 다른 차이를 확인할 수 있다. 한국 영화 선호 장르에 대해 코미디는 모든 연령층에서 높은 응답률을 기록하였으나 젊은 연령층에서(14~29세)는 좀 더 강한 선호 경향을 나타냈으며, 14~23세는 코미디 다음으로 추리/스릴러를 1순위로 응답하였다(20%). 14~18세의 경우 공포 영화를 선호한다는 응답도 13.8%(1순위 응답)를 기록해 타 연령층과 구별되었다. (…) 14~18세에서 공포 영화라고 답한 응답률은 46.2%에 달했으며, 이는 그 다음으로 공포 영화를 선호하는 19~23세의 22.6%와도 큰 차이를 보인다.

—〈한국 영화관객의 관람구매 결정요인과 마케팅 방안 연구〉,
김현정·방영은 외, 영화진흥위원회, 2005

"이렇게 쭉 전제별로 근거를 제시하면 되나요?"

"일단 그렇지. 자료가 스스로 말할 수 있게 하면 되니까. 하지만 여러 번 강조하지만 전제와 전제, 전제와 결론 사이에 짜임새가 없으면 설득력이 떨어지니까 무엇보다 논증을 탄탄하게 만드는 것이 중요하다. 그러기 위해서는 다양한 종류의 자료를 찾는 것이 도움이 된다는 것을 잊지 말아라."

"네. 지금까지 논증을 만들고 전제별로 근거 자료를 찾았는데, 그것을 늘어놓으면 보고서가 되는 건가요?"

"그건 아니지. 지금까지 배운 논증은 보고서의 핵심 내용을 정리하기 위한 과정이었고, 이제 구체적으로 어떻게 보고서를 작성해야 하는지를 알려줄 테니 잘 따라오너라."

조금만 더 참고 가르쳐 줄 때까지 기다릴 걸 하는 생각이 들었다. 멘토는 계속 이어진 강의에 목이 마른 듯 컵에 담긴 물을 한 모금 들이켰다.

03

보고서 작성하기

모든 내용을 1/4쪽에 담아라

가장 잘 전달될 수 있는 방법을 찾아라

요약이 아니라 논증이다

제목이 성패를 좌우한다?

짧지만 효율적인 보고서

보고서는 이제 한 장도 긴 시대에 접어들었어. 이미 1/4쪽으로 보고서 쓰기를 시행하고 있는 회사도 있고 앞으로는 이런 형식이 일반화될 것으로 본다. 그리고 1/4쪽 보고서에 딱 맞는 형식이 바로 논증이지.

모든 내용을 1/4쪽에 담아라

효과적으로 상대방을 설득하기 위해서 논증의 형식으로 보고서를 구성하라.

한숨을 돌린 후 멘토가 다시 입을 열었다.

"이제 좀 더 구체적인 보고서 작성 가이드를 살펴보자."

"목적, 개요, 근거 자료, 이런 순서를 말씀하시나요?"

"그럴 거면 지금까지 내가 너한테 입 아프게 떠들었겠느냐. 요즘 직장인들은 보고서를 쓰는 데 너무 형식적인 것을 중시하는 것 같다. 그러다 보니 내용보다는 목표, 개요 등등 이런 부분적인 것을 어떻게 구성하는지에만 관심이 있다는 말이지. 하긴 그러니까 인터넷에 각종 보고서 양식을 제공해 주는 곳이 생겨나고 있겠지."

"하지만 보기 좋은 떡이 먹기도 좋다고 보기에 좋은 것이 좋은 것 아닌가요?"

"그것도 틀린 말이라고는 할 수 없지. 그리고 목적, 개요, 운영 방안, 예산 등의 순서로 기획서를 쓰는 것도 사실이다. 하지만 이런 기획서를 쓸 때 알아두어야 할 것이 있다. 목적, 개요, 근거 식으로 나열하면 간단하기는 한데 긴밀한 내적 관계가 드러나지 않아서 기획서를 읽는 사람을 설득하는 데 별다른 효과가 없다는 것이야."

"간단하기는 한데 설득력이 떨어진다는 말씀인가요?"

"그렇지. 보고서는 결국 읽는 사람이 보고서의 결론을 받아들이도록 설득하는 데 목적이 있는 것이지. 따라서 목적, 개요, 운영 방식이나 근거 제시보다는 앞에서 살펴본 바와 같이 논증을 바탕으로 보고서를 쓰는 것이 좋다는 얘기다."

"그럼 어서 논증을 가지고 보고서 쓰는 법을 알려주시죠."

"알았다. 자료를 정리해서 논증을 만들었다면 보고서는 다음과 같은 순서로 진행하는 것이 좋다."

단순한 메모 같은 것이 스크린에 나타났다.

> 1/4쪽짜리 보고서를 만든다.
> ▼
> A4 한 장이 넘지 않게 글로 만든다.
> ▼
> 논증의 순서에 따라 근거 자료를 제시한다.
> ▼
> 더 필요한 자료는 뒤에 첨부한다.

1/4쪽이면 충분하다

가장 먼저 1/4쪽짜리 보고서를 만들라는 내용이 눈에 들어왔다. 아니, 어떻게 1/4쪽으로 보고서를 쓴다는 말인가! 그리고 또 A4 한 장이 넘지 않게 글을 쓴다는 건 무슨 말인가. 현민이 난감해하는 것을 보고 멘토가 먼저 말문을 열었다.

"1/4쪽으로 보고서를 만들라는 말이 맘에 들지 않는 게냐?"

"네, 사실 그렇습니다. 한 쪽짜리 보고서를 쓰라는 말까지는 어느 정도 이해하겠지만 1/4쪽은 좀 심하지 않은가요?"

"대부분의 사람들이 그렇게 이야기를 하지. 보통 보고서를 쓰기 위해 논증을 만든다는 사실 자체를 생소하게 생각하는 사람들이 대부분일 테고, 논증을 바탕으로 보고서를 쓰는 사람들도 그걸 다시 짧은 글로 풀어내지, 건물의 철골 구조 드러내듯이 무미건조하게 논증만 제시하지는 않지. 하지만 이제는 달라질 거야. 복잡한 보고서의 형식이 아니라 짧은 시간에 보고서의 내용을 확실하게 전달하는 것이 더 중요한 시대가 되었거든. 이미 1/4쪽으로 보고서 쓰기를 시행하고 있는 회사도 있고 앞으로는 이런 형식이 일반화될 것으로 본다."

"그럼 1/4쪽 보고서가 앞으로의 대세다, 이런 말씀인가요?"

"그렇지."

"하지만 여러 가지 자료들도 있는데 어떻게 1/4쪽에 보고서 내용을 다 담을 수 있나요?"

"논증을 확실하게 만들었다면 걱정할 것 없다. 앞에서 논증만 가지고는 보고서가 될 수 없다고 했지만, 사실 논증만으로도 보고서가 될 수 있지. 논증이 바로 1/4쪽 보고서가 되는 거야. 논증은 보통 3~4개의 전제와 하나의 결론으로 구성되는데 모두 합해 봐야 네 문장 정도니까 1/4쪽에 충분히 들어갈 수 있지. 보고서는 이제 한 장도 긴 시대에 접어들었어. 그리고 1/4쪽 보고서에 딱 맞는 형식이 바로 논증이지. 무미건조하고 불친절해 보여서 보고서로서는 적당하지 않다고 생각할 수도 있지만 짧은 시간에 보고서 전체를 파악할 수 있기 때문에 효과적인 방법이다."

"1/4쪽으로 논증을 만들어라, 그것이 바로 보고서가 될 수 있다는 말씀이군요. 그러면 A4 한 장이 넘지 않게 글로 만든다는 건 뭔가요? 말씀하신 대로 가장 빠른 시간 안에 가장 효과적으로 상대방을 설득하는 것이 보고서의 목적이라면 논증이면 충분한 거 아닌가요?"

"그래? 그렇다면 그것은 네가 논증에 익숙하기 때문일 거야. 논증에 익숙하면 논증만으로도 충분하지. 하지만 논증에 익숙하지 않은 사람이라면 사정은 다르겠지. 그런 사람들을 위해서는 논증을 짧은 글로 풀어 줄 필요가 있다는 말이다."

| 논증을 짧은 글로 만든다 |

멘토의 말을 듣고 현민은 잠시 2권에서 논증을 배울 때를 떠올렸다. 생각해 보니 그럴 것도 같았다. 현민 자신도 논증을 배우기 전까지는 전제니, 결론이니 하는 방식이 낯설었으니까. 그러니 논증에 익숙하지 않은 사람들에게 논증의 형식으로 보고서를 작성해서 내는 것은 무리일 수도 있겠다는 생각이 들었다.

"그럼 논증을 일단 만들되 상황에 따라 논증을 그대로 제시할 수도 있고 그것을 짧은 글로 만들어 제시할 수도 있다, 이렇게 정리하면 되겠습니까?"

"기본적으로는 맞는 말이다. 논증에 익숙한 사람이 보고서를 읽는 경우라면 상관이 없다고 생각한다. 즉 논증을 아는 사람이라면 전제와 결론으로 이루어진 논증이 편하다는 것이지. 바쁜 세상에 누가 긴 보고서를 일일이 읽을 시간이 있겠느냐. 결론이 뭔지, 결론이 어떻게 나왔는지를 일목요연하게 파악할 수 있으니 좋겠지. 하지만 논증에 익숙하지 않은 사람에게 보고서를 제출할 경우에는 풀어쓰는 짧은 글이 낫겠지."

"논증을 풀어쓰는 것은 어떻게 하는 것입니까?"

"논증을 풀어서 한 편의 글로 쓰는 거야. 앞에서 말했던 통일을 주제로 한 영화제작을 예로 들면 이렇게 쓸 수 있다는 거지."

준비를 해 놓았는지 바로 스크린 위로 한 편의 글이 나타났다.

10대와 20대를 겨냥하여 통일을 주제로 영화를 만드는 것은 바람직하지 않아 보인다. 그 이유는 크게 세 가지로 볼 수 있다.

첫째, 젊은 세대는 통일 문제에 별 관심이 없다는 것이다. 한 통계에 의하면 젊은 세대에서 통일 지지율은 50% 정도인데 윗세대에 비해 훨씬 낮은 지지율이라고 한다.

둘째, 젊은 세대의 가치관의 변화를 들 수 있다. 이제 젊은 세대는 이념이 아닌 실용주의를 따르고 있다. 사회과학 서적은 잘 팔리지 않고 있으며 사회 변혁이나 이데올로기에는 별 관심이 없고 부자 되기, 노후 대책, 개인의 취미 생활에 더 많은 관심과 시간을 투자하고 있다. 통일 문제는 관심에서 멀어지고 있는 것이다.

셋째, 막상 젊은 세대를 겨냥한 통일 문제 영화를 제작하려 해도 캐스팅이 용이하지 않다. 영화는 역시 스타가 출현해야 흥행에 안정적이라고 할 수 있는데 젊은 스타와 통일 문제를 연결시키는 것이 쉽지 않다. 할아버지 세대는 분단의 당사자여서 공감대 형성이 쉽고 아버지 세대는 당사자는 아니지만 부모의 아픔을 어느 정도 나누었던 세대인 데 반해 젊은 세대는 공감대의 고리를 찾기가 쉽지 않다. 따라서 젊은 스타를 섭외하는 것은 현실적으로 어렵다.

넷째, 그래도 여전히 영화의 주관객층은 젊은 세대이기 때문에 젊은 세대를 겨냥해야 한다는 반론이 가능하나 앞서 말한 대로 젊은 세대는 더 이상 통일과 같은 무거운 주제에는 관심을 갖지 않는 경향이 있으므로 받아들이기 힘들다.

이상을 근거로 통일을 주제로 하는 영화를 만든다면 30대 이상을 겨냥하는 것이 바람직하다고 생각한다.

읽어보니 그렇게 짧은 글도 아니었다. 하지만 앞의 논증을 읽는 것보다는 훨씬 읽기가 편했고 부연 설명도 덧붙여져 있어 이해하기도 더 쉬웠다. 이렇게 논증에 살을 붙여 글로 만들면 된다는 말이구나.

"이와 같이 논증을 짧은 글로 풀어썼다면 그 다음에는 근거 자료를 하나씩 제시해주면 되겠지. 논증에서 배웠던 예상되는 반박에 답하기 위한 자료도 잊지 말고. 즉 1/4쪽짜리 논증 → 1쪽짜리 개요 → 첨부 자료, 이런 형식을 취하면 편하고 효율적이라는 거지."

"그렇군요."

"그럼 지금까지 배운 내용을 정리해볼까?"

멘토의 말이 끝나자 모니터가 나타났다.

> 논증을 만든다.
> ▼
> 논증을 한 장의 보고서로 만든다.
> 절대로 한 장을 넘어서는 안 된다.
> ▼
> 각 전제의 근거가 되는 자료를 차례로 제시한다.
> 이때 근거 자료는 첨부 서류로 처리한다.
> ▼
> 각 전제에 대한 반박을 예상하고 예상되는 질문에
> 답하기 위해 자료를 준비하여 붙인다.

"잘 알겠습니다. 그런데 왜 A4 한 장을 넘기지 말라고 하셨습니까? 특별한 이유가 있습니까?"

아직도 의문이 풀리지 않은 듯 현민이 물었다.

"그럼 특별한 이유가 있지. 모든 보고서는 A4 한 장을 넘겨서는 안 돼. 왜냐? 그 정도 분량을 넘긴다면 사실은 아직 생각이 정리되어 있지 않다는 거야. 무슨 말이냐 하면 아무리 긴 영화나 소설, 학위 논문이라 할지라도 요약했을 때 A4 한 장에 들어가야 한다는 말이다."

"그래도 장편소설이나 영화의 줄거리가 원고지 10매 정도에 들어간다는 것은 무리가 아닌가요?"

"아니야. 무리가 아니다. 아무리 긴 소설이라도 말하고픈 주제와 줄거리는 사실 복잡한 것이 아니거든. 뼈대만 추린다면 A4 한 장이면 충분하다고 할 수 있지."

"그럼 박사 학위 논문도 마찬가진가요? 학위 논문은 내용도 깊고 분량도 상당한데요."

"의심이 많구나. 논문에 대해서는 뒤에서 다시 다루겠지만 그 정도 분량이면 충분하다. 증거를 대자면 모든 학위 논문에는 요약(abstract)이라는 부분이 있거든. 우리말로도 하고 영어로도 쓰는데 특히 영어로 된 초록은 A4 한 장밖에 안 되는 분량이야. 그것을 넘어가면 초록의 의미가 없어지겠지."

"그러니까 박사 학위 논문도 그 정도로 요약이 가능한데 보고서는 말할 것도 없다는 것이지요?"

"그렇지. 보고서는 학위 논문이나 책만큼 양이 많지 않으니까 더 요약하기 쉽겠지."

"그런데 왜 꼭 A4 한 장인가요? 두 장으로 해서는 안 될 이유가 있나요?"

"첫째, 보기가 좋아. 한 장 넘어가면 뭔가 긴 것 같고 아직 정리가 덜 된 느낌이 들지. 한 장이 간결하고 깨끗하잖아. 둘째, 그 정도 분량을 넘으면 집중력이 떨어진다는 거야. 신문의 칼럼이 보통 원고지 10매를 넘지 않거든. 그 정도면 하고픈 말을 다 할 수 있고, 읽는 사람의 집중력도 유지시킬 수 있지."

"어쨌든 A4 한 장으로 말하라는 것이군요."

근거 자료는 뒤에 첨부하라

"그렇지. 그 다음은?"

"그 다음은 전제의 순서대로 근거 자료를 제시하는 것입니다. 물론 자료의 경중을 가려 1차 자료를 먼저 제시하고 2차 자료는 그 다음에 제시합니다."

"제법이구나. 많이 늘었다. 내가 말하고자 했던 바는 자료를 확보하는 것이 보고서 작성의 50% 이상을 차지할 정도로 중요한 일이라는 것이다. 요즘은 자료만 찾아 주는 리서처도 있다고 하는데 당연한 현상이라고 본다. 사람들이 자료의 중요성을 인식하기 시작했다는 의미니까. 그런데 이런 과정에서 반드시 추가 자료의 필요성이 떠오르게 마련인데 만약 추가 자료가 필요하지 않다고 느끼게 된다면 뭔가 이상이 있다고 판단해야지."

"왜요? 추가 자료가 필요하지 않다는 것은 그만큼 자료 조사가 잘 되었다는 증거 아닌가요?"

"그럴 수도 있지만 보통의 경우는 자료를 보고 생각이 부족했다는 증거가 되지. 자신의 가설에 대한 반론을 생각하면 보통은 추가 자료가 필요하게 된다는 것이야."

"그런데요. 자료 얘기는 이만 하고 다음으로 넘어가면 안 될까요? 자료 얘기 너무 들었더니 조금 지치는데요."

"넘어가기 전에 보고서의 구성을 다시 한 번 짚어 보자. 우선 논증을 한 페이지로 구성해서 한눈에 들어오게 하는 게 좋아. 그리고 다음 페이지부터 하나씩 전제에 대한 근거를 제시하는 거지. 근거 자료의 양에 따라 다르겠지만 한 페이지에 하나 혹은 두 개 정도의 근거로 구성하는 것이 좋다. 그래야 상사가 논증을 본 후에 관심있는 부분을 쉽게 찾아 볼 수 있거든."

"아~, 그거 좋은 생각이네요."

"자, 그럼 스크린을 한번 보고 다음 단계로 넘어가자."

스크린에 보고서의 페이지 구성 방법이 흘러가고 있었다.

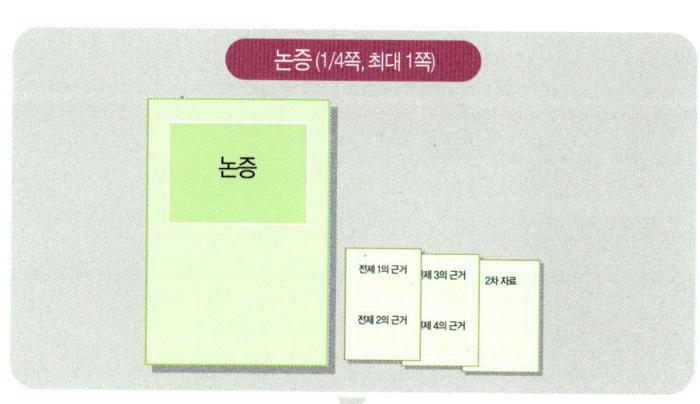

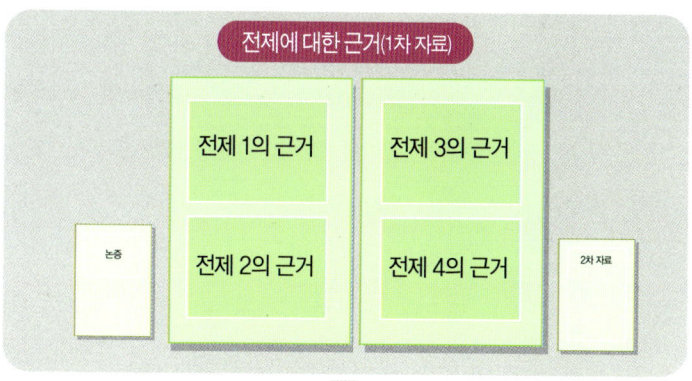

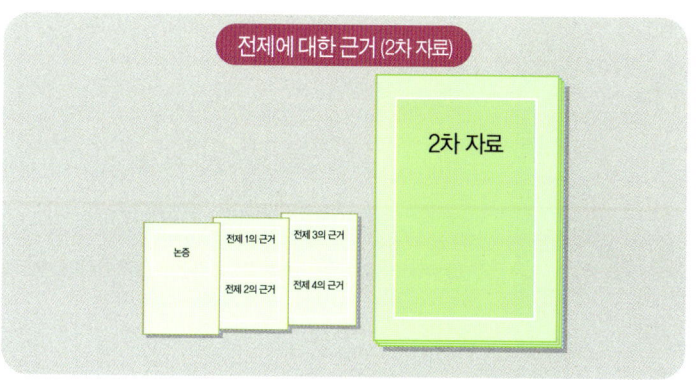

0 6 이것만은 꼭!

논증과 근거자료로 보고서를 구성하라!

여러 자료를 바탕으로 해서 만들어진 논증을 상황에 따라 그대로 보고서로 제시할 수도 있고 그것을 풀어 짧은 글로 만들어 제시할 수도 있다.

흔히 논증보다 더 간단한 구성, 즉 목적, 개요, 운영 방안, 예산의 순서를 취하는 제안서를 볼 수 있는데 이때 주의할 점이 있다. 그것은 목적, 개요, 근거 식으로 나열하면 간단하기는 한데 긴밀한 내적 관계가 드러나지 않아서 제안서를 읽는 사람을 설득하는 데 별 효과가 없다는 것이다.

보고서는 결국 그것을 읽는 사람을 설득하는 데 목적이 있다. 따라서 목적, 개요, 운영 방식이나 근거 제시보다는 앞에서 살펴본 바와 같이 논증 구성, 논증을 풀어 짧은 글로 쓰기, 각 전제의 근거 제시 순으로 하는 것이 더 좋다.

지금까지 살펴본 내용을 정리하면 다음과 같다.

자신의 가설, 즉 방향성을 갖고 자료를 모은다. → 가설에 반하는 자료도 모은다. → 가설을 수정, 보완한다. → 어느 정도 정리되면 전제와 결론의 형식을 갖

춘 논증으로 만든다.(논증이 1/4쪽 보고서가 될 수 있다.) → 논증을 한 장의 보고서로 만든다.(절대로 한 장을 넘어서는 안 된다.) → 각 전제의 근거가 되는 자료를 차례로 제시한다.(이때 근거 자료는 첨부 서류로 처리한다.) → 각 전제에 대한 반박을 예상하고 예상되는 질문에 답하기 위해 자료를 준비하여 붙인다.

가장 잘 전달될 수 있는 방법을 찾아라

누가 보고서를 읽는지 파악하고 그 사람의 성향을 알아두는 것이 도움이 된다.

"다음 단계는 뭔가요?"

"앞에서는 보고서 전체를 어떻게 구성하는지에 대해서 얘기했다면 지금부터는 좀 더 구체적으로 보고서 안으로 들어가 보자. 보고서 양식을 찾는 사람들이 많은데 보고서 양식이란 결국 보고할 내용이 가장 잘 전달될 수 있는 방법일 뿐이야."

"그래서 지금까지 논증을 1/4쪽으로 만들고 전제를 쓰고 그런 방법을 알려주신 거 아닌가요?"

"맞다. 논증이 잘 만들어졌다면 문제될 것은 없다. 다만 자신의 논증을 다른 사람들이 이해하기 쉬운 방법으로 표현하는 것만 남은 거라고 할 수 있지."

"다른 사람이라기보다는 상사라고 콕 찍어 말씀하시지요."

"이제 보고서의 권력 관계에 대해서 완전히 터득했구나."
"뭐 기본입니다."
현민이 이 정도쯤이야 하는 표정으로 의기양양하게 대답했다.
"그러면 이제 말이 좀 통하겠구나."
"아니, 그럼 지금까지는 말이 안 통했다는 말씀입니까?"
"괜한 트집 잡지 말고 강의나 잘 들어라."
멘토가 목소리를 내리깔며 얘기한 뒤 헛기침을 하고는 말을 이었다.
"보고서를 준비하면서 인터넷에서 보고서 양식에 대해 한번쯤은 찾아 봤겠지?"
"네. 어찌나 다양한 양식들이 있던지 더 헷갈리던데요."
"헷갈릴 것은 없지. 회사에 따라 다른 것뿐이니까. 대부분의 회사는 각자의 보고서 형식을 가지고 있어. 즉 어떤 회사는 요점만 간단하게 정리한 1/4쪽짜리 보고서를 원하고 어떤 회사는 근거 자료까지 충실하게 준비한 두툼한 부피의 보고서를 선호하기도 하지. 물론 이 부분은 상사에 따라 달라질 수도 있어. 간단하게 요점만 보고받기를 원하는 사람이 있는가 하면 구체적인 자료까지 첨부된 보고서를 원하는 사람도 있지. 이 부분이 네가 상황에 맞게 대처해야 하는 부분이지."
"글쎄, 그때그때 상황에 맞게 하는 것이 어렵다는 거 아닙니까."
"이런, 아직 하산할 때가 된 것 같지는 않구나."
"아니, 그건 또 무슨 말씀인가요?"

| 누가 읽는지가 중요하다 |

"보고서는 권력 관계라고 했다. 그러면 보고서 양식을 너에게 맞춰서는 안 되겠지."

"아! '보는 이의 입장에서' 쓰라는 두 번째 작성 요령에 대해 말씀하시려는 거군요. 너무 당연한 얘기 같아서 잊고 있었지 뭡니까."

"당연한 얘기처럼 들리지만 곰곰이 생각해 보면 그리 간단한 얘기가 아니다. 양식만 익힌다고 해서 될 문제가 아니야. 왜냐하면 자신이 정보가 없다면 상사가 보고서를 잘 읽지 않을 테니까."

"그게 무슨 말씀입니까? 정보라면 어떤 정보를 말합니까?"

"보고서를 읽는 사람의 취향에 관한 정보다. 보고서는 권력 관계에 있다고 여러 차례 말하지 않았느냐. 즉 보고서를 읽는 사람이 어떤 정보를 원하는지 파악하라는 얘기다. 물론 네 나름대로 자료를 찾아서 보고서를 쓰겠지만 최근 상사의 관심이 어디에 맞춰져 있는지, 무엇 때문에 고민을 하고 있는지 등을 파악해서 그 부분에 보다 자세한 자료를 첨부하는 거지. 예를 들어 상사가 예산 삭감 문제로 고민을 하고 있다면 네가 올린 보고서를 통해 얼마나 예산을 줄일 수 있는지를 중점적으로 얘기한다면 도움이 되겠지. 혹은 새로운 마케팅 방안을 만들기 위해 고심 중이라면 네 보고서에서 새로운 마케팅 방안에 초점을 맞추면 좋을 거구. 네가 생각해도 상사가 어떤 생각을 하고 있는지에 대한 정보를 알고 보고서를 쓰는 것과 그렇지 않은 것은 큰 차이가 있을 것 같지 않냐?"

"그렇기는 한데 어떻게 그런 정보를 입수합니까?"

"선배를 통해서 얻을 수도 있고 회사의 흐름을 예의주시하면 저절로 알게 되기도 하지. 하지만 정보를 입수하는 것 자체가 보고서 작성 능력에 포함된다는 것을 잊지 말도록."

"매정한 말씀이군요."

"할 수 없다. 그것이 현실이니까. 그렇지만 생각보다 어려운 일이 아니야. 왜냐? 두 가지면 충분하거든. 하나는 앞에서 얘기한 대로 제대로 된 보고서를 쓰는 것이다. 기본이 제대로 되어 있지 않으면 그것을 토대로 아무것도 할 수 없거든. 아무리 보고서를 읽는 사람이 어떤 정보를 원하는지 파악하고 있다고 해도 보고서 자체가 제대로 되어 있지 않으면 결국 그 보고서는 신뢰를 잃게 되겠지. 잠깐은 속일 수 있어도 들통이 나는 것은 시간 문제라는 얘기다. 알겠지?"

"예. 그것보다도 저는 두 번째가 무엇인지 더 관심이 있습니다. 제 추측으로는 보고서를 읽는 사람의 취향을 파악하라, 이 정도일 것 같은데 맞습니까?"

"빙고! 그렇지. 보고서를 읽는 사람의 습성이나 성격을 파악하는 것도 정보 수집에 해당하지. 보고서를 읽는 사람이 간결한 보고서를 좋아하는지, 약간은 딱딱한 육하원칙을 따르는 보고서를 좋아하는지, 자료 중에서도 통계자료를 중요하게 생각하는지 예산을 중요하게 생각하는지 등을 사전에 파악해야 한다는 거야. 경우에 따라서 어떤 사람은 선택과 집중을 택하기도 한대. 즉 두툼한 보고서가 올라오면 관심 가는 한 부분만 집중적으로 보고 불러서 질문을 한다는 거지. 이런 경우는 일일이 열거할 수 없을 정도로 다양하다. 그래서 읽는 사람이 어떤 보고서를 좋아하는지에 대한 정보를 반드시 입수해야 된다는 거야. 특히 직위가 높을수록 자기 고집이나 자신의 관점을 갖고 있게 마련이지. 자신의 스타일이 통했기 때문에 그 자리에까지 올라 왔다고 생각하기 때문에 자신의 관점과 시각을 포기하려 하지 않거든. 따라서 보고서를 작성할 때 그것을 읽는 사람이 무엇을 좋아하고 무엇을 중요하게 여기는지 반드시 파악해야 한다는 거야."

"말씀은 알겠습니다만 현실적으로 보고서 읽는 사람에 대해 파악하는 것은 어렵지 않을까요? 같은 직장 직속 상사라면 자주 접해서 알겠지만 평소에 잘 모르는 상사가 읽는다면 정보 수집

에 어려움이 있을 것 같은데요."

"어렵겠지. 하지만 그런 노력도 안 하고 좋은 성과를 기대해서는 안 되겠지. 예를 들어 보고서를 외부 기관에 낸다고 해 보자. 보고서를 누가 읽는지 구체적으로 알지 못한다면 좋은 보고서임에도 불구하고 좋은 효과를 거두지 못하는 일이 생길 수 있지. 그런 경우 어떻게 해서든 정보를 구해야지. 그게 능력 아니겠냐."

"어려운 이야기 참 쉽게 하시네요. 그게 어디 쉬운 일입니까. 저 같으면 차라리 보고서를 더 열심히 쓰겠습니다."

"성질이 급하구나. 아까도 말했지만 제대로 된 보고서를 쓰는 것은 기본이야. 지금 말하고자 하는 바는 같은 보고서라도 강조점을 두라는 것이지. 가령 보고서를 읽는 사람이 특히 예산에 신

경을 많이 쓰는 사람이라면 예산 부문을 특별히 강조해서 만들어야 한다는 거야. 물론 다른 부문도 소홀히 하지 말아야 하는 것은 두말할 나위가 없지. 하지만 예산에 특히 관심이 가는 사람이 읽는다면 예산 부문은 좀 더 치밀하게 그리고 중요성을 강조해서 작성하는 것이 좋다는 것이지."

"그런 마인드가 보는 이의 입장에서 작성한다는 본래의 뜻이다. 뭐 이런 말씀이지요?"

"그렇지."

짧은 답이 돌아왔다. 뭔가 멘토가 답답해한다는 느낌이 들었다. 보는 이의 입장에서 보고서를 만들라는 것은 단순히 글을 쓰는 목적과 본질에 충실하라는 것이 아니라 보는 사람의 성향까지 파악하여 효과적으로 공략하라는 뜻이었다. 흠, 효과적 공략이라! 마치 전쟁을 하는 것 같군. 보고서를 쓰는 데 이런 생각까지 떠올리다니…. 나한테 문제가 있나? 에이, 물어보자.

"질문이 있습니다."

"그래, 무엇이냐?"

"결국 보는 사람의 입장을 고려해서 쓰라는 것은 상대방을 효과적으로 공략하기 위한 것입니까?"

"바로 맞혔다. 그거다. 효과적 공략. 다시 상기해 보자. 실용적 글쓰기의 목적이 뭐냐?"

"자신의 주장을 상대방에게 설득시키는 것입니다."

"그렇지. 보고서도 예외가 아니다. 보는 사람을 설득하기 위해서는 효과적인 공략이 필요한 것이고, 따라서 보는 사람의 성향을 파악하여 강조점을 확실하게 하는 것이 좋다는 얘기지."

"생각보다 전투적입니다."

"두말하면 잔소리다. 실용적 글쓰기는 인격 도야를 위해 하는 것이 아니야. 구체적이고 세속적인 목적을 두고 하는 것이지."

| 보고서의 목적을 생각하면 형식도 따라 나온다 |

"보고서가 권력 관계이므로 보고서를 읽는 사람의 취향과 성향에 맞춰 써야 한다는 것은 알겠습니다. 하지만 지금까지의 내용은 주로 자신의 의견이나 아이디어가 중심이 되는 기획안을 작성할 때 필요한 사항들인 것 같은데, 보고서 종류가 달라지면 형식도 달라져야 하는 거 아닌가요?"

"네가 무슨 말을 하고 싶은지 알겠다. 출장 보고서나 업무 보고서처럼 일상적인 보고서의 예를 듣고 싶은 게지?"

"네."

현민은 속마음을 들켰다는 듯이 멋쩍게 머리를 긁적였다.

"기획안 이외의 보고서의 경우 그 목적에 따라 구성이 조금씩 달라질 수도 있겠지."

"그렇죠. 그럼 이제부터 각각의 보고서 양식을 배우게 되나요? 뭐부터 시작하나요?"

"설마 그 보고서의 양식을 내가 일일이 다 가르쳐 주기를 바라는 건 아니겠지?"

"좀 해 주시면 안 되나요?"

"수년 동안 멘토 생활을 해 왔지만 너 같은 녀석은 처음이다."

조금 무리한 부탁인 줄은 알았지만 멘토가 이렇게 나오니 현민은 무안했다. 그걸 눈치 챘는지 멘토가 먼저 입을 열었다.

"이런, 내가 항상 원리를 알면 저절로 응용도 할 수 있다고 말하지 않았느냐. 기본만 짚어주면 알아서 응용을 할 줄 알았는데 지금 네 수준으로 봐서는 응용까지도 한 번은 알려줘야 할 것 같구나. 일상적인 보고서도 앞에서 말한 내용에서 크게 벗어나지 않는다. 앞에서 네가 자료를 찾을 때 그 많은 자료를 어떻게 꿰어야 할지 막막하다고 했었지?"

"네."

"그때 내가 뭐라고 했는지 기억하냐?"

"음…. 보고서의 목적에 대해 말씀하셨죠."

"보고서의 목적이 뭐라고 했지?"

"문제를 해결하는 거라고 하셨던 것 같은데요."

"잘 기억하고 있구나. 출장 보고서가 현장의 사실 보고에 충실해야 하는 것은 물론이지만 결국은 문제를 해결하는 것이 목적이고, 논증의 형식이어야 하는 것도 마찬가지야."

"좀 구체적으로 말씀해 주시지요."

"구체적으로…. 왜 돈 들이고 시간 들여서 그곳까지 갔느냐를 보고서에 쓰면 되는 것이지. 뭔가 여기에서는 해결이 안 되는 것이 있으니까 출장을 간 것 아니겠느냐. 그렇다면 출장에서 보고 느낀 것을 바탕으로 바로 그 해결 안 되는 문제를 해결할 수 있는 방안을 논증으로 만들면 된다는 말이지. 그러면 기획안과 크게 다른 점은 없다고 볼 수 있지."

"그럼 출장 보고서가 기획안과 다른 점은 현장 조사를 토대로 한 자료를 중심으로 한다는 것뿐인가요?"

"그렇지. 보통 출장은 기획안의 전제 중 하나를 확증하기 위해서 또는 처음 시장조사를 하기 위해서 수행하지. 그러니 전제가 되는 기획안을 항상 염두에 두고 해야 하니까 기획안 작성 과정과 기본적으로 동일하고 다만 강조점이 다른 것뿐이지. 이제 어떤 보고서든 결국은 논증을 바탕으로 한다는 것을 알았겠지?"

"그러면 출장 보고서도 논증을 만들고 자료를 첨부하면 되는 건가요?"

"그래도 좋아. 하지만 출장 보고서나 업무 보고서 등은 대부분 회사에서 사용하는 양식이 있을 거야. 그런 양식을 사용해도 문제는 없겠지. 하지만 기존에 다른 사람이 사용하던 자료에 의존하려 하지 말고 네가 필요한 방법으로 양식을 만들어 나가는 것도 너 스스로를 발전시킬 수 있는 하나의 방법이지. 하지만 여기서도 보고서를 읽는 사람을 중심에 둬야 한다는 원칙에는 변함이 없다는 걸 잊지 마라."

"예를 좀 들어주시면…."

"녀석, 집요하기는…. 그러면 출장 보고서를 한번 예로 들어보자. 네가 중국 현지 공장으로 출장을 다녀왔다고 치자. 상사의 입장이라면 출장 보고서에서 어떤 내용을 알고 싶겠느냐?"

"음…. 어디 가서 뭘 보고, 누구를 만나서 어떤 얘기를 하고,

어떤 성과가 있었는지를 알고 싶겠죠."

"맞다. 거봐라. 너도 이미 출장 보고서를 어떻게 써야 할지 알고 있는 거다. 다만 형식에 묶여서 못 쓴다고 생각하고 있었던 것뿐이야. 네가 말한 것에 덧붙여 출장에서의 성과를 앞으로 어떻게 발전시켜 나갈지에 대한 의견이 첨부되면 좋겠지. 그리고…."

"그리고 또 뭐가 있나요?"

"출장 기간과 장소, 동행 인원 등은 가장 기본적인 자료니까 이미 다 알고 있다고 하더라도 한번 적어 주는 것이 좋겠지. 그리고 가장 중요한 경비! 돈이 얼마나 들었는지도 알려줘야겠지."

"그렇군요."

"그럼 다시 한 번 정리를 해 볼까? 표지는 필요 없다고 말했고, 우선 출장 보고서라는 제목이 필요하겠지. 그리고 작성자의 소속과 이름, 그리고 출장 기간, 출장지, 경비, 동행한 사람 등의 기본적인 사항을 적는다. 그 다음에는 앞에서 말했던 것처럼 논증의 형식으로 핵심적인 내용을 써 주면 되겠지. 언제, 어디서, 누구를 만나서 어떤 내용이 오고갔는지, 무엇을 보고 느꼈는지 등을 쓰면 되는 거야. 이게 바로 논증에서 전제에 해당하는 것이지. 그리고 마지막 결론으로 네 의견을 적으면 된다. 이런 내용을 쓰되 어떤 형식으로 쓰면 좋을까?"

"이번에는 안 넘어갑니다. 상사의 시각에 맞춰 써야 한다는 것이지요?"

"그렇지. 상사가 표를 좋아하면 표 형식으로, 문장 형식의 보고서를 좋아하면 문장 형식으로, 시간 순서대로 쓰는 것을 좋아하면 시간 순서대로 써 주면 될 것이고…. 이렇게 하나씩 해결해 나가면 굳이 다른 사람이 쓰던 양식을 빌리지 않아도 문제없이 스스로 보고서를 써 나갈 수 있을 게다."

"네. 이제야 좀 보고서를 쓰는 데 감을 잡을 수 있을 것 같습니다."

"그러면 이제 다음 단계로 넘어가 보자. 다음 단계가 뭐였지?"

"다음은 길 땐 첨부 서류를 활용하라는 것입니다."

"무슨 말인지 알겠지?"

"예, 대충은 알고 있습니다."

"그래? 그렇다면 한번 요약해 봐라, 네가 알고 있는 것을."

멘토는 앉을 준비를 했다. 멘토가 앉는다는 것이 신기했다. 피로를 느끼지 않을 텐데 좀 더 편안한 마음으로 들으려는 걸까? 아무튼 첨부 서류를 활용하라는 것은 앞에서 다 배운 것이어서 현민 역시 마음이 편했다. 별 준비 없이도 얘기를 하면 될 것 같았다.

"앞서 말씀하신 대로 자료 수집, 분석 등의 과정을 거쳐 논증을 만든 후, 1/4쪽 보고서를 만들거나 A4 한 장을 넘지 않게 글로 만들고 논증의 순서에 따라 근거 자료를 제시하면 됩니다. 이때 더 필요한 자료는 뒤에 첨부하면 됩니다. 이상입니다."

"그래, 네 말대로 이제 보고서를 쓰는 데 감을 잡은 것 같구나. 그럼 간단하게 주의 사항을 한두 가지 짚어 보자."

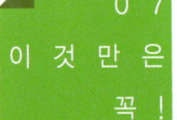

읽는 사람을 위한 맞춤형 보고서를 만들어라!

보고서를 누가 읽느냐에 따라 그 형식도 달라져야 한다. 다시 말해 보고서를 읽는 사람의 취향이나 성향을 파악해 그에 맞게 작성해야 효과적이라는 것이다. 보고서를 읽는 사람이 간결한 보고서를 좋아하는지, 약간은 딱딱한 육하원칙을 따르는 보고서를 좋아하는지, 보고서를 앞에서부터 읽는지 뒤에서부터 읽는지, 통계부터 읽는 습관이 있고 통계를 나름대로 해석하고 나서 본론을 보는 성향인지 등을 사전에 파악해야 한다. 또한 보고서를 읽는 사람이 무엇을 좋아하고 무엇을 중요하게 여기는지도 반드시 파악해야 한다. 가령 그 사람이 예산에 신경을 많이 쓰는 사람이라면 그 부문을 특별히 강조해서 좀 더 치밀하게 만들어야 한다.

요약이 아니라 논증이다

긴 글을 요약하는 것이 아니라 짧은 논증에 살을 붙여야 한다.

"주의 사항이라고요?"

"그래, 그건 잠시 후에 설명하겠다. 그에 앞서 네가 지금 말한 내용을 신문에서는 어떻게 다루고 있는지 한번 보자꾸나."

같은 내용을 뭐 하러 다시 보나. 이런 의문이 들었지만 현민은 일단 칭찬을 들은 후라 별로 개의치 않고 스크린 위에 나타난 기사 내용을 보았다.

"아무리 긴 보고서라도 원칙은 A4 용지 한 장 정도에 압축해서 상사가 짧은 시간에 판단을 내릴 수 있게 해야 한다"고 말했다. 몇 장씩 넘어가는 긴 보고서는 상사의 시간을 빼앗을 뿐 아니라 상사로부터 짜증스러운 전화를 받기 일쑤다. "그래서 결론이 뭐야?" 김 대표는 "한 장에 다 담지 못해 보충 설명이 필요한 부분은 상사가 시간이 나면 볼 수 있도록 첨부 서류 형식으로 작성하면 된다."며 "내용이 짧은 보고서라도 상단에 몇 줄로 요약해 주는 습관을 길러야 한다."고 말했다.

―조선일보, 2005. 10. 4.

"뭐 느낀 점이 없느냐?"

"거의 같은 내용 아닙니까? A4 한 장 얘기도 같고, 길게 쓰면 상사가 안 보니까 짧게 쓸 것이고, 보충 설명은 첨부파일을 이용하라는 것도 같은 얘기로 보입니다."

"맞는 말이다. 하지만 다른 점이 있다. 유의해서 봐라."

"다른 점이요? 글쎄요. 잘 모르겠습니다. 무엇이 다른가요?"

"유의해 보면 압축이라든가 요약이라는 단어가 나온다."

"예. 그런데요?"

"압축이나 요약이란 긴 내용이 있는데 그것을 상사를 위해 핵심만을 뽑아낸다는 의미가 아니겠냐. 하지만 이런 식의 충고는 압축이나 요약에 대한 압박감만 가중시킬 뿐 실제로는 별로 도움이 되지 않는다. 왜냐하면 긴 내용을 어떻게 압축·요약하느냐의 기술을 또 익혀야 하니까. 그런데 사실은 거꾸로 아니냐?"

"거꾸로라뇨? 뭐가 거꾸로입니까?"

"긴 내용을 요약하는 것이 아니라 오히려 논증을 만들고 논증을 1/4쪽 보고서로 만들거나 살을 붙여 A4 용지 한 장으로 만든 다음 첨부 서류를 붙이는 것이 순서라는 것이다. 긴 내용을 만들고 새삼스레 A4 한 장으로 줄이는 것은 효과적이지도 않을 뿐더러 제대로 된 순서도 아니라는 말이지."

"하지만 긴 내용을 요약하라는 충고가 논증의 형태를 띤 글로 만들라는 뜻일 수도 있지 않을까요?"

"물론이지. 하지만 짧은 글이라서 확신할 수는 없지만 논증을 염두에 둔다고 하기에는 어쩐지 느슨한 느낌이 난다. 단지 A4 용지 한 장으로 쓰라는 것만 일치하고 그 내용 구성은 다른 것으로 짐작이 된다. 대충 알겠지?"

"그 정도는 저도 이제는 알아듣습니다."

"고맙다. 다음으로 넘어가자. 다음이 뭐였지?"

"'제목이 성패를 좌우' 한다는 것입니다."

"그렇지. 그럼 먼저 신문 기사를 보자."

08 이것만은 꼭!

논증에 근거자료를 붙여라!

흔히 아무리 긴 보고서라도 A4 용지 한 장 정도에 압축해서 상사가 짧은 시간에 판단을 내릴 수 있게 해야 한다고 충고한다. 압축이나 요약은 긴 내용이 있는데 그것을 상사를 위해 핵심만을 뽑아낸다는 의미다. 하지만 이런 식의 충고는 압축이나 요약에 대한 압박감만 가중시킬 뿐 실제로는 별로 도움이 되지 않는다. 왜냐하면 긴 내용을 어떻게 압축·요약하느냐의 기술을 또 익혀야 하기 때문이다.

그런데 사실은 거꾸로다. 긴 내용을 요약하는 것이 아니라 논증을 만들고 논증을 1/4쪽 보고서로 만들거나 A4 용지 한 장으로 만든 다음 첨부 서류를 붙이는 것이 순서라는 얘기다. 긴 내용을 만들고 새삼스레 A4 한 장으로 줄이는 것은 효과적이지도 않을 뿐더러 제대로 된 순서도 아니라는 말이다.

제목이 성패를 좌우한다?

너무 튀는 제목은 보수적인 상사들에게 안 좋은 인상을 남기기도 한다.

짧은 기사가 스크린에 떠올랐다.

직장인 상대로 글쓰기 교육을 하는 채병광 목원대 겸임 교수는 "시선을 끌 수 있는 제목이냐 여부에 따라 문서 자체의 가치도 달라진다."고 조언했다. 카피라이터이기도 한 그는 "수많은 보고서나 기획서를 받는 상사는 제목을 보고 보고서 가치에 대한 1차적인 판단을 한다."며 "사안에 따라 새로운 접근을 보여주는 제목이라야 상사가 보고 내용을 자세히 읽어보고 적극적인 판단을 해 줄 것"이라고 말했다.

— 조선일보, 2005. 10. 4.

"어때, 제목을 잘 지어야겠지?"
"예, 그렇겠죠."

제목을 잘 지어야 한다는 말은 많은 비즈니스 글쓰기 교본에서 본 것 같았다. 너무나 당연한 얘기 아닌가? 보고서를 써 놓고 제목을 잘 지으면 읽는 사람 눈에 띌 테니 이왕이면 제목을 잘 짓는 것이 좋지 않겠는가. 이런 생각은 상식인 것 같은데…. 왜 새삼스레 이런 질문을 하지? 멘토를 쳐다보았다. 그는 기다렸다는 듯이 물었다.

"제목을 왜 잘 지어야 하느냐?"

"그거야 눈에 띄기 위해서 아닌가요?"

"그래? 이런 걸 생각해보자. 보통 비즈니스 보고서는 그것을 작성하는 사람이나 읽는 사람이 주제를 알고 있는 게 보통이야. 다시 말해서 백일장이 아니라는 것이지. 백일장은 주제를 놓고 자유롭게 쓰는 거잖아. 따라서 제목을 잘 짓는 것이 무척 중요하지. 제목 자체가 창작의 일부니까. 하지만 비즈니스 보고서는 백일장에서 쓰는 글이 아니야."

"그렇다면 보고서는 서로 아는 주제에 관해 쓰는 것이기 때문에 사실 제목은 거의 결정되어 있는 것이라는 얘깁니까?"

"대충 그렇지. 보고서는 회의 중에 많이 결정되거든. 이런 문제는 더 검토할 필요가 있다. 따라서 보고서를 하나 올려라. 이런 식이라는 거야. 그리고 출장 보고서도 마찬가지지. 출장을 어디로 가는지, 왜 가는지 거의 다 알고 있지. 알고 있지 않다면 출장 허가가 떨어지지도 않았겠지. 그러므로 보고서를 작성할 때 제목에 그다지 신경을 쓰지 않아도 된다는 거야."

"일리가 있어 보이지만 그래도 제목을 잘 써야 한다는 유혹을

떨쳐 버릴 수 없는데요."

"그렇겠지. 그렇다면 예를 들어보자. 가령 신제품 출시를 앞두고 제품명을 짓고자 한다고 해 보자. 그럼 보고서 제목이 무엇이 되겠느냐?"

"'신제품 명칭에 관하여' 정도가 되지 않을까요?"

"그렇겠지. 그런데 시선을 끌 수 있는 제목을 굳이 달 필요가 있을까? 오히려 새로운 제품의 이름이 무엇인지가 더 중요하겠지. 즉 보고서 내용이 더 중요하다는 거야. 여러 가지 후보를 담아야 하고 각각의 후보에 대해 어떤 이유에서 그 이름이 더 나은지를 잘 보여야겠지. 보고서 제목은 사실상 이미 정해져 있는 거니까."

"말씀을 듣고 보니 그런 것 같기도 하네요. 그래도 제목이 눈길을 끌 경우가 있지 않을까요?"

"미련을 못 버리는구나. 미련이란 원래 좋지 않은 것인데…. 어쨌든 보자. 이런 경우는 있겠지. 아무도 지시하지 않았는데 자발적으로 기획안을 작성하는 경우 말이다. 이런 경우 눈길을 끌려면 제목이 눈길을 끌 수 있을 정도로 섹시하면 좋겠지. 하지만 이런 경우라 할지라도 제목에 너무 치중하면 내용이 경박할 것이라는 인상을 주기 쉽지. 보고서를 읽는 사람들은 대부분 보수적이라는 것을 항상 명심해라. 무엇인가를 보고받는 사람은 거의 언제나 트집을 잡으려 하고 형식을 따지게 마련이거든. 따라서 제목부터 튀는 것은 위험부담이 있지."

보고받는 사람은 대부분 보수적이라…. 보수적인 사람은 형식을 따지고 형식을 따지다 보면 튀는 것은 별로 좋아하지 않는다는 말씀이신데…. 시대에 뒤진 사고가 아닐까? 요즘은 일단 튀어야 살아남는데 보고서는 다른가 보다. 잠깐 생각을 정리하고 현민이 말했다.

"잘 알겠습니다. 그럼 이제 비즈니스 업무문서 작성요령 네 가지를 다 알아봤는데요. 그것으로 충분한가요?"

"충분하다고는 할 수 없지만 어느 정도는 됐다고 할 수 있지. 이제 보고서에서 한 발 더 나가 볼까?"

"보고서에서 한 걸음 더 나가다니요? 그건 또 뭔가요?"

"바로 프레젠테이션이다. 요즘은 보고서 이외에 회사 내부에서도 프레젠테이션을 많이 하던데 보고서를 좀 더 발전시켜서 프레젠테이션 하는 방법을 알려 주마."

09 이것만은 꼭!

제목은 튀지 않게 하지만 눈길을 끌게

많은 비즈니스 글쓰기 교본들이 제목을 잘 지어야 한다고 충고한다. 그러나 보통 비즈니스 보고서는 그것을 작성하는 사람이나 읽는 사람이 둘 다 주제를 알고 있기 때문에 제목은 거의 결정되어 있다고 볼 수 있다. 따라서 제목보다는 보고서의 내용에 더 신경을 써야 한다.

아무도 지시하지 않았는데 자발적으로 기획안을 작성하는 경우처럼 제목이 눈길을 끌어야 할 때도 있다. 하지만 이런 경우라 할지라도 제목에 너무 치중하면 내용이 경박할 것이라는 인상을 주기 쉽다. 보고서를 읽는 사람들은 대부분 보수적이라는 것을 명심할 필요가 있다. 결국 제목부터 튀는 것은 위험부담이 크다는 얘기다.

04

프레젠테이션은 라이브 쇼다

프레젠테이션이 더 어렵다
논증이 반듯하면 걱정할 것 없다
프레젠테이션은 라이브 쇼다
일부러 틀려라
정말 하고픈 말이 있어야 한다

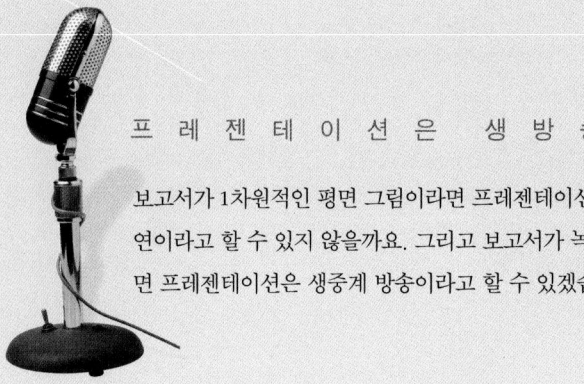

프레젠테이션은 생방송이다

보고서가 1차원적인 평면 그림이라면 프레젠테이션은 3차원 공연이라고 할 수 있지 않을까요. 그리고 보고서가 녹화 방송이라면 프레젠테이션은 생중계 방송이라고 할 수 있겠습니다.

프레젠테이션이 더 어렵다

프레젠테이션은 지울 수도, 돌이킬 수도 없기에 보고서를 쓰기보다 어렵다.

"최근 들어 프레젠테이션이 중요하게 인식되고 있다는 건 알고 있겠지?"

"네. 예전에는 어떤 프로젝트를 따 내거나 할 때도 간단한 보고서나 견적서를 형식적으로 제출하고 인맥으로 결정되는 경우가 많았던 것 같은데 요즘에는 점점 더 공식적인 프레젠테이션을 통해서 프로젝트를 진행하는 경우가 많더라고요."

"그렇지. 회사 내부에서 진행하는 프로젝트에 대한 프레젠테이션도 있지만 경쟁 프레젠테이션의 경우 다른 회사와 경쟁해야 하기 때문에 더욱 철저한 준비가 필요하지."

"예. 다들 프레젠테이션을 준비하는 것이 힘들다고 하더라고요."

"그럼 보고서와 프레젠테이션 중 어느 것이 더 어렵냐?"

"음…."

글쎄, 어느 것이 더 어려울까? 아무래도 프레젠테이션이 더 어렵지 않을까? 여러 사람들 앞에서 직접 자료를 보면서 말을 해야 하고, 질문에 그대로 노출되어 있고, 게다가 여러 가지 기계를 조작해야 하고…. 가장 큰 문제는 라이브여서 편집할 수 없다는 거지. 보고서야 여러 번 생각해서 다시 쓸 시간과 기회가 있지만 프레젠테이션은 현장에서 일어나는 일회적 사건이라서 다시 지울 수도, 돌이킬 수도 없으니 프레젠테이션이 훨씬 어렵다고 할 수 있어. 무대에 선다는 것 자체가 힘든 일 아닌가. 잘 하다가도 무대에 서기만 하면 엉망이 되는 경우도 많지. 역시 프레젠테이션이 더 어렵다.

"프레젠테이션이 더 어렵다고 생각합니다."

"그 이유를 생각하고 있었구나. 그 이유는 차차 들어보기로 하고 프레젠테이션에 관한 기사부터 보기로 하자. 조금 길지만 읽어볼 만한 가치가 있다."

스크린 위로 '프레젠테이션 고수 당신도 될 수 있다'는 제목의 장문의 기사가 나타났다.

회사에서 상사나 경영진에게 기획서를 내는 것부터 납품 계약이나 사업 수주 등 일반 외부 영업 활동까지 프레젠테이션 형식의 설명 방식이 일반화되면서, 프레젠테이션 능력은 직장인이 갖춰야 할 필수 항목이 됐다.

지난 6월 인터넷 취업 포털 잡링크(www.joblink.co.kr)가 직장인 1,256명을 대상으로 한 설문조사 결과, '업무상 능력을 인정받기 위해 직장인에게 가장 필요하다고 생각하는 것'을 묻는 질문에 '프레젠테이션 능력'이라는 응답이 33.7%(423명)로 가장 많았다. 최근에는 아예 신입사원 입시 전형에 우리말은 물론, 영어 프레젠테이션 능력을 평가하는 회사도 속속 등장하고 있을 정도다. 직장인들이 느끼는 문제는 실제 프레젠테이션을 해야 할 기회는 잦아졌지만, 신입사원 교육 기간 이후 제대로 배울 기회가 많지 않다는 것. 전문가들이 권하는 프레젠테이션 요령을 알아봤다.

프레젠테이션 환경 미리 조사해야

현장에 미리 가 보면 실제 프레젠테이션을 할 때의 불안감이나 긴장을 줄일 수 있다. 이때 프레젠테이션 장비들에 대한 점검도 필수. 아무리 훌륭한 프레젠테이션 내용을 준비했어도 예상 밖의 기계 오작동은 전체 프레젠테이션을 망칠 수도 있다.

주어진 시간보다 빨리 끝내라

주어진 시간보다 일찍 끝내는 것이 프레젠테이션의 기본이다. 파워피티 이승일 대표는 "시간 독촉을 받기 시작하면 프레젠테이션을 하는 사람이나 듣는 사람이나 내용에 집중할 수 없다"며 "5분 정도 먼저 끝낼 수 있는 여유를 사전에 확보해야 한다"고 말했다.

외워서 하는 프레젠테이션은 위험!

프레젠테이션에 앞서 연습은 필수. 그러나 경험이 부족한 사람들은 경험 부족을 '암기'를 통해 극복하려고 하지만 더 큰 낭패를 당할 수도 있다. 열린사이버대학교 컨텐츠디자인학부 황정혜 교수는 "전체 시나리오를 외울 경우, 한 대목만 잊어버려도 당황하게 돼 청중의 신뢰를 한꺼번에 잃을 수도 있다"며 "또 완벽하게 암기하더라도 청중의 반응을 살필 수 없어 프레젠테이션이 밋밋해질 수 있다"고 말했다.

발표순서는 결론 → 본론 → 결론으로

프레젠테이션의 목표는 이해와 설득. 중요한 주제는 서두에 전달하고 이에 대한 설명을 한 후에 다시 한 번 결론을 강조하는 패턴을 사용하는 것이 일반적이다. 발표 초기에 청중의 관심을 끄는 방법이면서 확실하게 메시지를 전달하는 방법이기도 하다.

숫자는 그래프로

짧은 시간에 내용을 전달해야 하는 프레젠테이션에서 단순히 숫자로 표시된 데이터는 청중의 이해를 막는 장애물이 된다. 파워피티 석우성 교육팀장은 "시간의 흐름은 선형그래프, 항목을 비교할 때는 막대그래프, 100%와 같은 비율을 표현할 때는 원형 그래프가 좋다"고 추천했다.

Q&A를 활용하라

질문에 대한 확실한 대응은 발표자의 신뢰성을 높이는 기회다. 예상 질문을 정리해 두면, 실제 질문을 받는 것과 무관하게 자신감이 생긴다. 발표 중간에 질문을 받을 수도 있지만 흐름을 이어가기 위해서는 "질문은 발표 후 한꺼번에 받겠습니다"고 미리 알려주는 것이 전체 흐름을 이어가는 데 효과적이다.

— 조선일보, 2005. 10. 25.

쭉 읽어 보니 많은 도움이 될 것 같았다. 역시 전문가들의 의견이라 구구절절 옳은 말씀이고 실전에 바로 도움이 되겠다 싶었다. 특히 주어진 시간보다 빨리 끝내라는 충고는 실감이 났다.

시간에 쫓기게 되면 전체적인 분위기가 어수선해지고 뭔가 졸속 처리한 느낌이 나게 마련인데 잘 지적했다는 생각이 들었다. 이것들만 잘 지키면 프레젠테이션은 문제가 없을 것 같았다. 이런 생각을 하고 있는데 멘토의 소리가 귀를 울렸다.

"잘 봤겠지. 어때, 도움이 되겠느냐?"

"예, 물론입니다."

"그런데 실전에 써 먹으려면 프레젠테이션 디자인 같은 것도 공부해야지, 단순히 요령만 가지고는 안 된다. 구체적으로 어떻게 프레젠테이션을 디자인하는가도 매우 중요한 문제니까."

"그럼 이제부터 프레젠테이션 디자인을 배웁니까?"

"예끼, 그런 것은 다른 곳에서 배워라. 내가 그런 것을 어떻게 알겠냐. 요즘 프레젠테이션 디자인 기법에 관한 책도 많이 나와 있고 전문 과정도 개설되어 있으니까 따로 배우면 될 것이다. 여기서는 그런 것보다는 보다 근본적인 것을 따져 보기로 하자."

"근본적인 것이요? 프레젠테이션에 근본적인 것이 있습니까?"

"있지. 하지만 걱정 마라. 심각한 것은 아니고 한번 따져 보자는 것이다. 예를 들어 '외워서 하는 프레젠테이션은 위험하다고 하는데 그러면 어떻게 해야 하느냐?' 이런 문제지. 어떻게 하면 되겠느냐?"

"글쎄요. 외워서 하는 것은 앞의 기사에서 말하는 것처럼 위험하니 연습을 많이 해서 하면 어떨까요? 그러면 두려움도 사라지게 되지 않을까요? 왜냐하면 앞의 기사에서 경험이 부족한 사람들이 경험 부족을 암기를 통해 극복하려 한다고 말하고 있기 때문이죠. 따라서 연습으로 경험 부족을 대체할 수 있을 것 같습니다."

"연습 많이 하는 거 좋다. 그런데 무슨 내용을 연습해야 하나? 프레젠테이션 자료를 넘기면서 각 장에 필요한 멘트를 하나씩 숙달될 때까지 연습하는 것인가?"

"그렇지 않은가요. 그렇게 하면 한결 좋을 것 같은데요."

"그렇다면 암기하는 것과 무엇이 다르지? 연습을 많이 해서 결국 화면마다 할 멘트를 외우는 거 아냐? 결국 전체 시나리오를 외우게 되는 것과 다르지 않은 것 같은데, 어때?"

휴, 이럴 줄 알았다. 약점을 찾아냈구나. 약점을 찾아냈으니 공격을 해 오겠네. 연습을 많이 한다는 것이 결국에는 암기와 다르지 않다는 것인데, 그런 것 같기도 하고…. 하지만 걱정할 것 없지. 난 배우는 사람이니까 질문을 하면 되는 거지, 뭐.

"그럼 외우지 않고 어떻게 해야 됩니까?"

"앞의 기사를 보면 이런 말이 나온다. '완벽하게 암기하더라도 청중의 반응을 살필 수 없어 프레젠테이션이 밋밋해질 수 있다.' 이 말은 잘 해석하면 프레젠테이션은 청중의 반응을 살펴야 하고, 청중의 반응에 따라 그때그때 변화를 주어야 하며, 또한 밋밋하면 안 된다는 것이지. 즉 마치 쇼를 보듯이 재미와 긴장감이 있어야 한다는 거야."

"그래서 외우지 않고 어떻게 해야 하냐고요?"

"바로 프레젠테이션의 토대가 무엇인가를 반드시 생각해야 한다는 거지."

"토대가 뭔데요?"

자세가 별로 좋지 않았나 보다. 중요한 질문을 그런 삐딱한 톤으로 했으니…. 멘토의 미간이 순간 일그러졌으나 곧 평온을 되찾았다.

"논증이다."

"또 논증이에요? 뭐든 나오기만 하면 논증이 토대라고 하시네요. 보고서에서도 논증이 설계도면과 같다고 하시지 않았습니까. 프레젠테이션에서도 토대는 논증입니까?"

"왜 논증에 불만 있냐? 논증이 핵심이라고 누누이 말하지 않았느냐. 그럼 하나 물어보자."

또 '하나 물어보자'는 거구나. 이건 본론이 나오기 전에 사용하는 멘토의 멘트인데….

"예. 무엇입니까?"

"보고서의 뼈대가 논증이라는 것은 인정하지?"

"예."

"그럼 보고서와 프레젠테이션의 차이점은 무엇이냐?"

"보고서가 1차원적인 평면 그림이라면 프레젠테이션은 3차원 공연이라고 할 수 있지 않을까요. 그리고 보고서가 녹화 방송이라면 프레젠테이션은 생중계 방송이라고 할 수 있겠습니다."

"아주 좋아. 나보다 낫다. 그럼 한 가지 더 묻자. 녹화 방송이든 생중계 방송이든 어떤 프로그램을 제작하려면 대본이 있어야겠지. 대본 없이 방송을 할 수는 없으니까. 그렇지 않냐?"

"아하! 알겠습니다. 그러니까 대본이 바로 논증이다, 이런 말씀이죠?"

10 이것만은 꼭!

청중에게 재미와 긴장감을 주는 프레젠테이션

보고서가 1차원적인 평면 그림이라면 프레젠테이션은 3차원 공연이라고 할 수 있다. 또한 보고서가 녹화 방송이라면 프레젠테이션은 생중계 방송이라고 할 수 있다.

보고서야 여러 번 생각해서 다시 쓸 시간과 기회가 있지만 프레젠테이션은 현장에서 일어나는 일회적 사건이라서 다시 지울 수도, 돌이킬 수도 없으니 프레젠테이션이 훨씬 어렵다.

프레젠테이션은 청중의 반응을 살펴야 하고, 청중의 반응에 따라 그때그때 변화를 주어야 하며, 또한 밋밋하면 안 된다. 즉 마치 쇼를 보듯이 재미와 긴장감이 있어야 한다는 얘기다. 이를 위해 프레젠테이션의 토대인 논증을 염두에 두어야 한다.

논증이 반듯하면 걱정할 것 없다

자신감은 논증을 얼마나 철저하게 준비했느냐에 달려 있다.

"그렇지. 대본이 있어야 하는데 문제는 자연스러운 프레젠테이션을 위해서는 그것을 외우기만 해서는 안 된다는 거야. 텔레비전에서도 외워서 하는 진행자는 티가 나잖아. 그럼 어떻게 하면 되는가? 핵심을 파악하고 있으면 되는 거야. 무슨 말인고 하면 도대체 무슨 말을 하려고 그 자리에 섰는가를 확실히 알고 있으면 된다는 거지. 그럼 그것을 어떻게 아는가? 어떻게 알 수 있을 것 같으냐?"

"도대체 무슨 말을 하려고 프레젠테이션을 하는가를 분명히 알고 있어야 한다는 말씀이죠? 그렇다면 역시 논증을 알고 있어야 한다는 말씀 아닌가요?"

"그래, 맞았다. 대본이 논증이라는 것은 맞기도 하고 아니기도 하지. 왜냐하면 보고서든 프레젠테이션이든 논증을 기초로 해서

A4 한 장의 글로 늘리고, 그 다음에 필요한 자료를 붙이는 순서로 진행되지. 그 전부를 대본이라고 할 수도 있고, 논증이 대본의 핵심이므로 논증이 대본이라고 할 수도 있지. 그게 중요한 것이 아니라 보고서와 프레젠테이션의 구조는 동일하다는 것이다. 알겠느냐?"

"보고서의 구조는 알고 있습니다. 즉 다음과 같은 순서입니다. 논증(1/4쪽 보고서) → A4 한 장의 글 → 근거 자료 첨부. 프레젠테이션도 같은 구조라는 말씀인데, 그렇다면 확실하게 알고 들어가야 할 것이 논증이라는 것이지요?"

"그렇지. 프레젠테이션은 전제에서 결론을 이끌어 내는 하나의 퍼포먼스라고 할 수 있지. 보고서는 그것을 받는 사람이 읽는 순서를 정할 수 있지만 프레젠테이션은 진행자가 주도권을 갖고 있지. 다시 말해서 자신의 논증을 가장 효과적으로 보일 수 있는 방식이라는 거야."

"그러니까 논증을 머릿속에 넣어 가지고 임하면 상황에 따라 능숙하게 대처할 수 있다는 말씀이죠?"

"점점 편해진다. 논증은 전제와 결론으로 구성되지 않느냐. 그렇다면 하고픈 주장은 결론이겠지. 따라서 결론을 먼저 말하고 그런 결론이 어디에서 나왔는가를 차례로 밝혀 주면 되는 것이지. 물론 결론은 전제에서 나온 것이고 전제는 각각 근거를 갖고 있지. 또 각각의 근거는 첨부 자료 형식으로 차례로 제시되겠지. 방법은 보고서에서 자료를 제시하는 것과 다르지 않아. 따라서 여전히 핵심은 논증이지. 논증을 확실히 머릿속에 넣고 있다면

전체를 외울 필요도 없을 뿐 아니라 질문에도 효과적으로 답할 수 있지. 왜냐? 질문이란 결국 전제의 근거나 전제로부터 결론이 나올 수 있느냐의 여부 아니면 전제가 사실이냐에 모아지게 되어 있는데 논증을 만들면서 그런 정도는 충분히 대비했기 때문이지."

"잠깐만요. 좋은 논증에 대해 잠깐 생각을 해 보겠습니다."

현민은 전에 배운 좋은 논증의 네 가지 조건을 떠올렸다. 논증을 제대로 갖추고 있으면 프레젠테이션 전체를 외울 필요도 없고 어떤 질문에도 답할 수 있다고 했는데 그렇다면 좋은 논증의 조건을 다시 한 번 따져 봐야겠다는 생각이 들었기 때문이다.

대충 네 가지였던 것으로 기억한다. 첫째, 전제와 결론이 관련이 있어야 한다. 흠, 이런 얘기 많이 들었던 것 같다. 한참 설명했는데 질문 나온다. "도대체 그게 무슨 관련이 있는 거야?" 이런 질문에 답하려면 근거 자료가 결론과 관련이 있는가를 먼저 따져 봐야 한다.

둘째, 전제는 참이어야 한다. 이것도 많이 듣는 지적 사항 중 하나이다. 한참 설명했는데 갑자기 이런 질문이 나온다. "잠깐만. 아까 나온 자료 말이야. 그거 사실이야? 아무래도 이상한데…. 내가 알기로는…." 이런 질문에 대비하려면 미리 점검해야 한다. 프레젠테이션은 생방송이기 때문에 현장에서 깨지면 만회하기 무척 어렵다는 것을 생각한다면 논증을 만들 때 주의에 주의를 기울어야 한다는 생각이 들었다.

셋째, 전제는 결론을 뒷받침하기에 충분해야 한다. 맞아. 이런 말도 많이 들었다. 설명 다 끝났는데 못마땅한 표정으로 한마디 한다. "그게 다야? 뭔가 부족한 거 같아. 결론은 맞는 것 같은데 지금 제시된 것으로는 어쩐지 충분하지가 않아." 이런 말 듣기 싫다면 어느 정도가 충분한지 미리 준비해야 할 것이라는 생각이 든다.

넷째, 반론을 염두에 두어라. 이 말은 정말 실감난다. 프레젠테이션에서 걸핏하면 듣는 얘기가 있다. "이렇게 되면 어떻게 할 거야?" "너무 낙관적으로 보고 있는 거 아니야? 경기가 나빠지면 모든 게 엉망이 되지 않겠어?" "안은 좋은데 돈이 없잖아. 돈 문제 해결 안 되면 꽝이지 뭐." 이런 것들이 반론일 것이다. 따라서 성공적인 프레젠테이션을 위해서는 예상되는 반론을 모두 망라해서 대비해야 하고 특히 가장 강력한 반론이 무엇일까를 고민해서 찾아내고 대안을 마련해야만 한다는 생각이 들었다.

생각을 너무 오래 했나. 멘토는 아예 딴 곳을 쳐다보고 있다. 생각을 너무 열심히 한 모양이었다. 평소답지 않은 행동이어서 현민 자신도 좀 멋쩍었다. 하지만 배운 것을 정리해 보면서 새로운 것을 알게 되는 기쁨도 컸다. 논증이 핵심이라고 생각은 했지만 프레젠테이션에 이렇게 적용될 줄은 몰랐던 것이다. 논증의 힘이라!

"자, 이제 생각을 정리했냐? 어떠냐? 논증만 확실하면 자신감을 가질 수 있겠지?"

"예, 그럴 것 같습니다. 좋은 논증이고, 자신이 만든 것이라면 외우지 않아도 다 알고 있을 것 같네요. 대비를 충분히 했기 때문에 자연히 자신감도 생길 것이고요."

"그렇지. 자신감이야말로 프레젠테이션에서 가장 중요한 무기지. 자신감이 없으면 아무리 내용이 좋아도 뭔가 불안감을 주게 되거든. 본인도 확신하지 못하는데 우리가 어떻게 믿을 수 있겠느냐는 식이지."

"자신감은 논증을 얼마나 잘 준비했느냐에 달려 있다는 말씀이지요?"

"그렇고 말고. 논증이 잘 되어 있다는 것은 논증의 전제와 결론이 자기 몸에 스며들었다는 것을 뜻하지. 몸에 스며든 논증은 어떤 형태로든 표현될 수밖에 없고 그것이 자신감으로 보인다는 거야. 그리고 논증을 잘 준비하면 다른 점도 해결이 되지."

"다른 어떤 점이 해결되나요?"

"앞에 나온 프레젠테이션 요령을 봐라. 그 중에 '발표순서는 결론→본론→결론으로' 라는 것이 있다. 그렇게 해야 발표 초기에 청중의 관심을 끌고 확실하게 메시지를 전달할 수 있다는 거야. 그런데 여기에서 본론이 무얼 말하는 걸까?"

"그거야 프레젠테이션의 본론 아닙니까. 서론, 본론, 결론에서의 본론이요."

"그래? 그렇다면 서론은 언제 얘기하느냐? 결론→서론→본론→결론 순이라는 얘기냐?"

"끙~."

"왜 어디가 불편하냐?"

"그게 아니고요. 프레젠테이션의 본론은 뭡니까?"

"지금껏 얘기했는데 모르겠냐?"

"논증의 전제를 말씀하시는 건가요?"

"그렇지. 결론의 근거가 되는 전제를 말하는 거지. 따라서 다음과 같은 순서가 된다는 거지."

"그러니까 결국 논증을 설명하는 것인데 결론부터 말하고 결론을 지지하는 전제, 즉 근거를 제시한 다음 마지막으로 인상을 강하게 하기 위해 결론을 다시 말하면서 마무리 짓는다는 말씀이지요?"

"좋아. 그럼 다음으로 넘어가 보고서와 프레젠테이션의 차이점을 살펴보기로 하자."

11 이것만은 꼭!

프레젠테이션은 논증을 바탕으로 한 퍼포먼스다!

프레젠테이션은 전제에서 결론을 이끌어 내는 하나의 퍼포먼스라고 할 수 있다. 보고서는 그것을 받는 사람이 읽는 순서를 정할 수 있지만 프레젠테이션은 진행자가 주도권을 갖고 있다. 다시 말해서 자신의 논증을 가장 효과적으로 보일 수 있는 방식이라는 것이다.

프레젠테이션 순서는 결론을 먼저 말하고 결론을 지지하는 전제, 즉 근거를 제시한 다음 마지막으로 인상을 강하게 하기 위해 결론을 다시 말하면서 마무리 지으면 된다.

논증을 확실히 머릿속에 넣고 있다면 전체를 외울 필요도 없을 뿐 아니라 자신감이 생겨 질문에도 효과적으로 답할 수 있다. 왜냐하면 질문이란 결국 전제의 근거나 전제로부터 결론이 나올 수 있느냐의 여부 아니면 전제가 사실이냐에 모아지게 되어 있는데 논증을 만들면서 그 정도는 충분히 대비했기 때문이다.

프레젠테이션은 라이브 쇼다

현장답사와 장비 점검 등 돌발 상황에 대한 대비가 필요하다.

아까 하지 않았나? 보고서와 프레젠테이션의 차이점은 보고서가 녹화 방송이라면 프레젠테이션은 생방송이라는 것. 그런데 새삼스럽게 또 무얼 말씀하시려고 하는 거지. 이런 생각에 빠져 있는데 멘토가 현민의 생각을 끊었다.

"너 녹화 방송, 생방송 생각하고 있구나. 그렇지?"

"어떻게 아셨어요?"

"조금 전에 얘기한 거잖냐. 프레젠테이션이 생방송이라면 앞에 나온 요령 두 가지는 바로 해결된다."

"어떤 요령이요?"

"처음에 나온 '프레젠테이션 환경을 미리 조사' 하라는 것과 그 다음에 나온 '주어진 시간보다 빨리 끝내라' 는 것이다. 순서대로 해 보자."

스크린에 자료가 떠올랐다. 앞에서 읽었던 내용의 일부분이었다.

> 현장에 미리 가 보면 실제 프레젠테이션을 할 때의 불안감이나 긴장을 줄일 수 있다. 이때 프레젠테이션 장비들에 대한 점검도 필수. 아무리 훌륭한 프레젠테이션 내용을 준비했어도 예상 밖의 기계 오작동은 전체 프레젠테이션을 망칠 수도 있다.
>
> ─조선일보, 2005. 10. 25.

"읽어 보니 텔레비전 생중계 상황이랑 흡사하지 않느냐? 생중계하려면 현장에 미리 가서 체크해야 하고 또 중계 장비를 점검하는 것도 필수겠지. 아무리 방송 내용이 좋다고 해도 마이크가 제대로 작동하지 않는다든지 하면 낭패가 아닐 수 없으니까. 그렇지 않나?"

"정말 딱 들어맞네요."

"프레젠테이션이 생중계와 흡사하다고 생각하면 현장에도 미리 가 보게 되고, 장비 점검도 하게 되고, 또 여러 가지 예상되는 돌발 상황에 대한 대비책도 미리 준비하게 되지. 생각을 조금 바꾸는 것이 때로는 도움이 되거든."

"프레젠테이션을 생중계로 생각하면 좋은 점이 또 있나요?"

"시간 개념이 생긴다는 거지."

"시간 개념이라는 것은 시간 배분을 말하는 것인가요?"

"그렇지. 녹화 방송은 편집을 예상하고 들어가기 때문에 긴박감이 떨어질 뿐 아니라 시간이 늘어지는 경향이 있어. 다시 말해서 시간에 별로 구애받지 않는다는 거야. 또 잘못되면 다시 할 수도 있고. 하지만 생방송은 다르지. 시간을 맞춰야 한다는 것이 가장 큰 제약 요건이지. 정해진 시간보다 더 해도, 덜 해도 안 되니까 자연히 시간에 대해 예민하게 되지. 프레젠테이션도 마찬가지라는 거야."

"그렇다면 앞에 나온 요령은 어떻게 됩니까? 5분 일찍 끝내라고 적혀 있었는데요."

"이렇게 적혀 있었지."

스크린이 내려왔다.

> 주어진 시간보다 일찍 끝내는 것이 프레젠테이션의 기본이다. 파워피티 이승일 대표는 "시간 독촉을 받기 시작하면 프레젠테이션을 하는 사람이나 듣는 사람이나 내용에 집중할 수 없다"며 "5분 정도 먼저 끝낼 수 있는 여유를 사전에 확보해야 한다"고 말했다.
>
> —조선일보, 2005. 10. 25.

멘토는 현민을 물끄러미 쳐다보더니 물었다.

"5분 일찍 끝내면 무엇이 좋을까?"

"여기 나와 있는 대로 시간에 쫓기지 않기 때문에 듣는 사람이나 하는 사람이나 내용에 더 집중할 수 있지 않을까요?"

"물론 그렇겠지. 하지만 유의할 점이 있다. 뭐냐 하면 프레젠테이션에는 질의, 응답이 있게 마련이거든. 그런데 질의, 응답은 시간이 정해져 있지 않다는 거야. 왜냐? 간단하지. 보고를 받는 사람이 권력을 쥐고 있기 때문에 묻고 싶은 것을 자신이 원하는 만큼 물을 수 있기 때문이지. 또…."

멘토는 잠깐 생각을 멈추는 것 같았다. 별로 마음이 내키지 않는 얘기를 할 때 보이는 습성이었는데 무슨 얘기를 하려는 걸까? 그는 금방 말을 이었다.

"또 프레젠테이션을 받는 사람들은 자신이 권력을 갖고 있다는 것을 과시하려 하기 때문에 쓸데없는 질문이라도 반드시 한 가지 이상 한다는 거야. 따라서 질의, 응답의 시간을 조절하기는 쉽지 않지. 그렇기 때문에 시간을 배정할 때 처음부터 시간 배분을 말해야 하는 거지. 예를 들어 프레젠테이션 30분에 질의, 응답 20분으로 하겠다고 처음에 알려야 한다는 거야. 이렇게 된다면 주어진 시간보다 5분 먼저 마칠 필요가 없겠지. 정해진 시간대로 하면 되고 질의, 응답은 더 길어질 수 있다고 마음먹고 있으면 되는 거다."

"그래도 프레젠테이션 30분을 5분 일찍 끝내면 안 될까요?"

"그건 가능하겠지. 프레젠테이션을 5분 일찍 끝내고 질의, 응답을 늘리면 되는 거니까."

"알겠습니다. 하지만 시간 독촉을 받으면 안 된다는 요령은 여전히 유효한 것이지요?"

"그렇지. 시간에 쫓기는 것이 좋을 리야 만무하지. 하지만 주어진 시간보다 일찍 끝내는 것보다 중요한 것은 시간 활용을 잘하는 것이지. 시간 배분을 포함해서."

"한 가지 질문이 있습니다."

"시간과 관련해서?"

"아닙니다. 프레젠테이션이 라이브 쇼라면 유의할 점이 더 있을 것 같은데요."

"오랜만에 좋은 질문했다. 중요한 포인트를 알려 주마."

1 2 이것만은 꼭!

철저한 시간 배분은 프레젠테이션의 필수조건이다.

프레젠테이션은 생중계와 흡사하다. 현장에 미리 나가 장비 점검도 하고, 여러 가지 예상되는 돌발 상황에 대한 대비책도 준비해야 한다. 또한 시간 개념을 요구한다.

녹화 방송은 편집을 예상하고 들어가기 때문에 긴박감이 떨어질 뿐 아니라 시간이 늘어지는 경향이 있다. 다시 말해서 시간에 별로 구애받지 않는다는 것이다. 하지만 생방송은 다르다. 정해진 시간보다 더 해도, 덜 해도 안 되고 시간을 맞춰야 하는 제약 조건이 있다. 프레젠테이션도 마찬가지다.

또 한 가지 유의할 점이 있다. 프레젠테이션에는 질의, 응답 시간이 있는데 이는 시간이 정해져 있지 않다는 것이다. 프레젠테이션을 받는 사람들은 자신이 권력을 갖고 있다는 것을 과시하기 위해 쓸데없는 질문이라도 반드시 한 가지 이상 하고, 궁금한 것은 자신이 원하는 만큼 물을 수 있기 때문이다. 따라서 프레젠테이션을 시작하기 전에 처음부터 시간 배분을 어떻게 하겠다고 알려야 한다.

일부러 틀려라

사소한 실수로 청중의 질문을 유도하는 기술도 필요하다.

중요한 포인트라고 하는데 중요하지 않으면 어쩌지 하는 생각이 떠올라 입가에 웃음이 번졌다. 누군가 '이거 정말 웃기는 얘긴데…'라고 말했을 때 '너 안 웃기면 죽는다'는 식으로 대꾸하면서 놀았던 기억이 떠올랐기 때문이었다.

"뭔데요?"

"음, 이런 얘기는 좀 뭐하기는 하지만, 프레젠테이션 자료를 일부러 틀리게 만드는 거야."

"예? 일부러 틀려요? 그러다 지적당하면 치명적이지 않나요? 자료 하나 제대로 만들지 못 한다는 말이 당장 나올 텐데요. 감당할 수 있나요?"

"성질 급하기는…. 물론 중요한 자료에 오류가 있으면 안 되지. 오·탈자가 있어도 성실성을 의심 받는 것은 당연하고. 그렇다면 무슨 말인가? 프레젠테이션에도 보고서와 마찬가지로 권력 관계가 작동한다는 거야. 즉 프레젠테이션을 받는 사람 중에는 보고 내용을 잘 모르지만 지위나 체면 때문에 한마디쯤 해야 하는 사람이 있게 마련이라는 거지."

요즘도 그런 사람이 프레젠테이션에 들어온다는 말인가. 그런 것은 옛날 일 아닌가. 어쨌든 얘기가 좀 이상하다.

"그럼, 그런 사람이 질문할 수 있도록 거리를 준다는 것입니까?"

"그렇지. 하지만 중요한 데이터나 내용이 틀려서는 안 되고, 말로 설명할 때 틀리라는 거야."

"예를 들면 어떤 건가요?"

"이런 거지. 다른 회사는 이런 예산으로는 도저히 할 수 없을 거라는 말을 하는 거야. 그러면 '도저히'라는 표현은 너무 한 것 아닌가. 내가 알기로는 다른 회사도 이러저러한 계획이 있는 걸로 알고 있다고 지적하는 사람이 있다는 것이지. 이런 지적은 별로 치명적이지 않거든. 따라서 얼마든지 나와도 좋은 반론이고 질문이지."

"그럼 주로 부사를 가지고 일부러 과장하는 수법을 쓰는 것인가요?"

"맞는 말이긴 한데, 수법이란 표현은 좀 그러네."

"근데 왜 부사인가요?"

"부사는 동사를 수식하는 역할을 하거든. 무슨 말이냐 하면 수식어라는 거야. 수식어는 과장이 허용되고 과장이 바로잡혀도

주체어가 손상을 받지 않는다는 거지. 그리고 형용사도 일부러 틀릴 수 있는 영역이다."

"그럼 명사나 동사는 틀리면 안 되나요?"

"사람 이름이나 프로젝트 이름이 틀리면 어떻게 되겠냐?"

"재앙이죠."

"그렇지. 명사나 동사, 숫자, 이런 거 틀리면 재앙이지."

"하지만 이런 수법은 속이 들여다보이지 않습니까?"

"허허, 아직도 수법이라네. 그건 맞는 말이지. 하지만 그런 점도 있다는 거야."

"좀 더 진지한 얘기를 하면 안 되나요?"

"좋지. 해 보자. 이것은 진짜 중요한 거야."

또 중요하다는 말 나왔다. 설마 이번에도 어이없는 것은 아니겠지. 두 번이나 연속으로 웃기지는 않을 거야. 현민은 기대를 하고 멘토의 다음 말을 기다렸다.

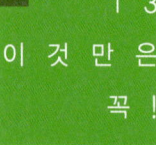

사소한 실수는 프레젠테이션의 윤활유가 될 수 있다!

일부러 틀려라. 이는 프레젠테이션에도 보고서와 마찬가지로 권력 관계가 작동하므로 프레젠테이션을 받는 사람이 질문할 수 있도록 거리를 주라는 의미다.

물론 중요한 데이터나 내용이 틀려서는 안 되고 말로 설명할 때 틀리라는 것이다. 즉 주로 부사를 가지고 일부러 과장하는 수법을 쓰는 것이다. 형용사도 일부러 틀릴 수 있는 영역이다. 대신 명사나 동사, 숫자 등은 틀리면 안 된다.

정말 하고픈 말이 있어야 한다

자신의 열정을 담은 보고서가 상대방의 마음을 움직인다.

"지금까지 어떻게 하면 보고서나 프레젠테이션을 잘 쓰고 잘 할 수 있느냐에 대해 알아봤다. 일부러 틀리라고 할 지경까지 온 것을 보면 너무 기술적인 면에 치우쳤다고 할 수 있지. 그래서 하는 말인데 보고서든 프레젠테이션이든 정말 중요한 것은 하고픈 말이 있어야 한다는 것이다. 자신이 진정으로 하고픈 말이 있다면 보는 사람이나 듣는 사람이 그 열정을 느낄 수 있거든. 좀 거칠지만 저 사람이 무슨 말인가 열심히 하려 한다는 느낌 말이야. 그런 느낌이 마음을 움직일 수 있지. 하지만 보고자가 이 문제에 대해 별 관심이 없다거나 억지로 하고 있구나 하는 느낌을 갖게 되면 좋은 평가를 받을 수 없다. 그렇지 않겠나?"

"당연한 말씀이네요. 열정이 없으면 보고받는 사람이 금방 눈치 채게 되고 그렇게 되면 마음을 움직일 수 없다는 것 아닙니까?"

"그렇지. 그런데 표정이 왜 그러냐. 뭐 불만 있냐?"

"불만이 아니라요. 어찌 보면 뻔한 얘기고, 또 현실적이지 않아 보이는데요."

"현실적이 아니라니? 무슨 말이냐?"

"맞는 말씀이긴 한데 비즈니스에서 자신이 하고픈 말만 어떻게 합니까. 위에서 떨어진 일이 마음에 안 드는 경우가 더 많지 않은가요? 맘에 드는 일을 할 확률이 매우 적지 않느냐는 거죠."

"그러니까 현실을 도외시하고 어떻게 정말 하고픈 말이 있어야 한다는 주장을 천연덕스럽게 하느냐는 거지?"

"천연덕스럽다는 말은 지나치시네요. 뭐 현실과는 좀 다르다 이런 말입니다."

"그런 면이 있는 것은 사실이지. 아랫사람이야 심지어 자신의 의견과 다른 프레젠테이션을 해야 될 경우도 많이 있을 테니까. 그것이 현실이지. 암, 인정한다."

"그럼, 정말 하고픈 말이 없는 경우에도 있는 것처럼 연기를 해야 합니까?"

"그것도 좋지. 어떡하겠냐. 먹고살기 위해서는 할 수 없지. 결론에 동의하지는 않지만 동의한다고 생각하고 연기를 잘 해야겠지."

"맥 빠지는 말씀이네요. 더 좋은 방법은 없나요?"

"더 좋은 방법이라…. 글쎄, 어떤 게 있을까?"

"참, 나. 그럼 다음으로 넘어가죠."

"잠깐! 방법이 있지. 급하긴…."

"그래요? 어떤 방법이요? 설마 자기최면을 걸라는 것은 아니겠지요?"

"그것도 한 가지 방법이겠지만 더 좋은 방법은 적극적으로 참여하는 거야. 무슨 말이냐 하면 회사를 떠날 생각이 아니라면 보고서나 프레젠테이션 작성에 참여해야겠지. 여기서 참여한다는 것은 적극적인 참여를 말하는 거야. 이런 말이 있잖아. 피할 수 없다면 즐기라는. 어차피 보고서나 프레젠테이션 작업에 끼게 되었다면 적극적으로 자신의 의견을 내라는 거야. 상사의 의견과 맞지 않을 경우도 마찬가지야. 아직 최종 보고서나 발표 문건이 작성된 것은 아니니까 얼마든지 의견을 내도 된다."

"조금 이상한데요."

"뭐가?"

"만약에 상사와 맞지 않는 의견을 적극적으로 내다가 찍히면 어떻게 합니까? 자기만 손해 아닙니까?"

"아니지. 상사의 의견에 맞서자는 것이 아니라 상사의 의견에 이런 반론이 나올 수도 있습니다. 대비해야 합니다. 이런 식으로 하라는 거야."

"아, 그러니까 논증에서 예상되는 반론 잠재우기를 빌리는 것인가요?"

"그런 방식이지. 나는 이렇게 생각한다는 식으로 나가면 어느 상사가 좋아하겠냐. 그러니까 보고받는 사람이 이런 식으로 이의 제기를 할 수 있다는 식으로 자신의 의견을 충분히 말하는 거지."

"그렇게 말했는데도 별로 반영이 안 되면 어떻게 하나요? 괜히 힘만 뺀 거잖아요."

"그렇지는 않지. 일단 자신의 의견을 충분히 말해 봤기 때문에 답답함은 없는 거지. 그리고 그런 식으로 논의를 하다 보면 자신의 의견이 최선이 아니라는 것도 알 수 있고."

"하지만 여전히 자신의 의견이 맞다고 생각되는 경우에는 어떻게 하나요?"

"그렇다면 합의된 결과에 따르는 정신이 필요하지. 직위 때문에 밀렸다면 직위를 따려고 노력해야 할 것이고 다수결에 졌다면 역시 승복하는 자세가 필요하지."

침묵이 흘렀다. 역시 보고서는 권력 관계인가? 하는 생각이 새삼스레 들었기 때문이었다. 자신의 의견을 충분히 말하라. 그리고 반영이 되지 않더라도 질서에 승복하라는 얘긴데…. 그렇게 할 수밖에 없겠지만 어딘지 모르게 개운하지 않았다. 그렇다면 뭐 하러 의견을 내놓나. 말이라도 해 보면 시원하다고? 과연 그럴까? 오히려 자신의 한계를 절감하게 되어 한 잔 하게 되는 것은 아닐까. 그러니 마음을 비우고, 말하지 말고 그냥 따라가는 것이 좋다는 말이 나오는 것은 아닐까. 복지부동 오래 하면 신토불이 된다고 하던데 그 모양 되는 것인가. 이때 멘토의 꾸짖는 목소리가 들렸다.

"지금 딴 생각하고 있구나. 왜, 직위에 밀리면 참으라는 얘기가 맘에 안 드냐?"

"예."

퉁명스러운 답이 짧게 돌아오자 멘토도 기분이 상한 것 같았다. 하지만 선생은 좀 다르지 않은가. 애써 상한 기분을 누르고 부드럽게 다시 말했다.

"심정은 충분히 알겠지만 현실을 인정하는 데서 모든 논의가 시작되어야 한다는 것을 잊지 말아라. 보고서를 이렇게 써라, 프레젠테이션은 저렇게 한다는 것을 아무리 많이 알고 잘 알고 있더라도 현실이 어떻게 작동하고 있는지를 무시한다면 자신의 견해를 펼칠 기회조차 잡지 못하게 되는 거 아니겠냐. 직장 생활 하루 이틀 하고 접을 것도 아닌데 길게 봐야 하지 않겠냐. 그렇지 않나?"

"…"

"알았다. 그냥 넘어가자. 하지만 넘어가기 전에 한 가지 말해둘 것이 있다. 그것은 프레젠테이션에 참여할 경우 적극적으로 자신의 의견을 말할 것이며 반영이 되지 않더라도 프레젠테이션의 결론을 자기 것으로 만들도록 노력해야 한다는 것이다."

"자신의 의견과 다른 경우 결론을 자기 것으로 만드는 것이 쉬운 일은 아닐 것 같은데요."

"그렇겠지. 하지만 단독 작품이 아닌 한 팀의 결론을 받아들이는 것도 사회생활에서 중요한 덕목이지."

"그렇다면 정말 하고픈 말이 있어야 한다는 것은 어떻게 해석해야 합니까?"

"당연한 말이지만 때때로 실천이 어렵다고 봐야지. 정말 하고픈 말을 할 수 있을 위치가 되면 다행이고 그렇지 않다면 작성

과정에서 자신의 의견을 적극 제시하고 결론을 받아들일 마음의 준비를 해야겠지. 그럼 한결 나아질 거야."

현실적인 결론이긴 했으나 현민에게는 조금 씁쓸한 얘기였다. 어쨌든 프레젠테이션은 이 정도로 하면 될 것 같았다.

"그럼 새로운 것을 해 보자."

"뭔데요?"

"대학의 리포트 작성법이다."

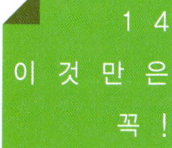

열정을 가지고 준비하되 결과에 승복하라!

보고서든 프레젠테이션이든 정말로 하고픈 말이 있어야 한다. 자신이 진정으로 하고픈 말이 있어야 보는 사람이나 듣는 사람이 그 열정을 느낄 수 있고, 결국 그들의 마음을 움직일 수 있기 때문이다.

프레젠테이션에 참여할 경우 적극적으로 자신의 의견을 제시하는 것이 좋다. 상사의 의견과 맞지 않을 경우도 마찬가지다. 이는 상사의 의견에 맞서라는 것이 아니라 상사의 의견에 이런 반론이 나올 수 있으니 대비해야 한다는 식으로 자신의 의견을 말하라는 것이다. 설혹 자신의 의견이 반영되지 않더라도 프레젠테이션의 결론을 자기 것으로 만들 줄 알아야 한다.

05

대학생을 위한 논문·리포트 쓰기

보고서와 논문은 자료의 양과
깊이의 차이일 뿐이다

단락 구성 방법

자기 글을 써야 한다

'나'를 주어로 써라

석·박사 학위 논문 작성법

자 료 를 내 것 으 로 만 들 어 라

자료에서 발견한 좋은 생각을 시간을 두고 숙성시켜서 자기 것으로 소화해야 해. 그렇게 한 후에 글을 쓰면 자료를 바탕으로 했어도 자기 글이 되는 법이지.

보고서와 논문은 자료의 양과 깊이의 차이일 뿐이다

목적에 맞는 근거 자료의 차이일 뿐 구조는 동일하다.

　보고서 작성법은 지금까지 열심히 해 왔는데 새삼스레 대학의 리포트 작성법을 따로 할 이유가 있나? 대학의 리포트 작성법을 알아보자는 멘토의 말에 현민은 문득 이런 생각이 들었다. 리포트가 리포트로 불리는 한 기본은 같지 않을까. 그럼에도 불구하고 대학의 리포트 작성법을 따로 하려는 것을 보면 분명 어떤 의도가 있을 것 같았다. 그게 뭘까? 역시 질문이 최고지.

　"시작하기 전에 질문이 하나 있습니다."

　"질문? 질문은 언제나 좋은 것이지. 그래, 뭐냐?"

　"왜 대학의 리포트 작성법을 따로 하는 것입니까? 특별한 이유가 있습니까?"

　"음, 특별한 이유보다도 본격적인 리포트는 보통 대학에서부터 시작되니까 기본을 좀 더 이야기하기 위해서라고 할까. 네 말처럼 회사에서 쓰는 보고서나 대학에서 쓰는 리포트나 과정은 동일하다고 할 수 있다. 즉 논증을 만들고, 그것을 A4 한 장으로 만들고, 그리고 근거를 제시하는 과정이라는 것이지. 단지 차이는 보고서보다는 대학에서 과제물로 내는 리포트가, 리포트보다는 학위 논문이, 학위 논문보다는 책이 더 많은 자료와 근거를 제시한다는 것뿐이지. 학위 논문에 좀 더 많은 자료들이 첨가된다면 한 권의 책이 될 수도 있지. 한마디로 같은 논증을 가지고 논문을 쓸 수도, 책을 쓸 수도 있다는 것이지. 간단하게 말하면 이렇게 되겠지."

스크린 위로 간단한 표가 떠올랐다.

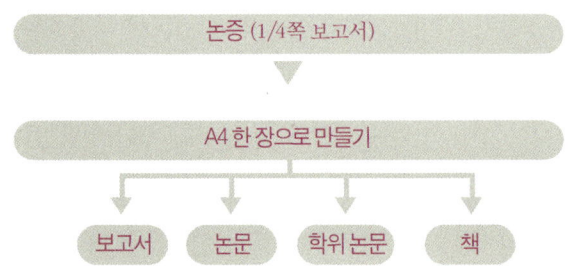

"보고서와 논문, 책의 차이가 근거 자료의 양과 질의 차이일 뿐이라는 것이지요?"

"그렇지. 어떤 주제가 있고 그 주제에 대한 조사와 반성을 통해 가설을 갖게 되고, 그 가설을 중심으로 지지하는 근거 자료와 반하는 자료를 모으고, 다시 사유를 통해 논증을 만들게 된다는 거야. 그리고 논증을 만들면 원고지 10매 정도로 풀어서 써 본다는 것이지. 그 다음 전제의 순서에 따라 근거 자료를 차례로 제시하면서 글을 전개하는 것이지. 이것은 책이나 논문이나 보고서나 꼭 같다는 것이야."

"그렇다면 앞에 나왔던 '논증의 순서에 따라 근거 자료를 제시한다. → 더 필요한 자료는 뒤에 첨부한다.'는 것은 보고서에만 해당되는 것은 아니지요?"

"그것은 보통 보고서가 택하는 방법이고, 학위 논문이라면 필요한 자료가 본문에 들어오겠지. 즉 근거 자료가 본문에서 반박 자료와 싸움을 하게 하는 것이지. 책도 마찬가지야. 더 많은 자료가 본문에 들어오고 자료에 대한 검토가 더 치열하게 전개되겠지. 하지만…."

급한 마음에 현민이 끼어들었다.

"하지만 뭔가요?"

"하지만 근본은 같은 거야. 책에는 보통 참고문헌이 몇 십 권씩 나오지 않냐. 하지만 겁먹을 것은 없어. 근거 자료를 보다 확실하게 밝히기 위한 것이기도 하고 더 많은 자료를 읽었다는 것을 보여주는 것뿐이지 다른 뜻은 없거든."

"그럼 보고서는 왜 근거 자료 제시가 간단한가요?"

"그야 보고서의 목적 때문이지. 보고서는 학문적인 것이 아니잖아. 실용적인 것이니까 목적에 맞는 가장 경제적인 근거 자료만 제출하면 되지. 따라서 필요한 1차 근거 자료를 제시하고 더 필요한 자료는 첨부로 처리한다는 것이지."

"책이나 논문에도 1차 자료와 2차 자료가 있습니까?"

"물론이지. 보고서와 똑같아. 단지 1차나 2차 자료 모두 양이나 질에서 보고서보다 월등하다고 해야겠지. 하지만 본질적인 구성은 같다고 봐야겠지."

"좀 허전한 마음이 듭니다."

현민은 허탈감을 감추지 못했다.

"허전한 마음? 왜?"

"리포트와 학위 논문, 책과는 심오한 차이가 있는 줄 알았거든요."

"심오한 차이가 있다면 그것은 깊이의 차이겠지. 가령 '갑신정변'에 대해 박사 학위 논문을 쓸 수도 있고 그냥 논문을 쓸 수도 있는데, 차이는 구조에 있는 게 아니라 논문의 깊이에 있는 것이지. 물론 갑신정변에 대해 학기말 리포트를 쓸 수도 있는데 이 역시 학위 논문과 구조가 다른 것이 아니고 깊이에서 다르겠지. 그래도 허전하냐?"

"그럼에도 불구하고 리포트, 석사 학위 논문, 박사 학위 논문은 쓰는 방식이 다르지 않습니까?"

"그렇지. 그럼 이제부터 대학에서 필요한 논문이나 리포트 쓰는 방식을 알아볼까?"

이것만은 꼭! 15

논증이 모든 것의 기본이다.

회사에서 쓰는 보고서나 대학에서 제출해야 하는 리포트, 논문, 심지어 책까지 쓰는 과정은 동일하다. 즉 논증을 만들고, 그것을 A4 한 장으로 만들고, 그리고 근거를 제시하는 과정이다.

단지 차이가 있다면 보고서보다는 대학에서 과제물로 내는 리포트가, 리포트보다는 학위 논문이, 학위 논문보다는 책이 더 많은 자료와 근거를 제시한다는 것이다. 즉 보고서와 논문, 책의 차이는 근거 자료의 양과 질의 차이라는 것. 한마디로 같은 논증을 가지고 논문을 쓸 수도, 책을 쓸 수도 있다는 얘기다.

단락 구성 방법

단락은 하나의 아이디어를 담는 구성 단위이다.

　멘토의 얼굴에 유난히 여유가 있어 보였다. 대학 리포트 전공인가? 왜 저렇게 여유 만만할까? 하여간 뭔가 있는 것 같은데 아마도 상식을 뛰어넘는 거겠지. 조금 기다려 보자.
　"꼭 대학이라고 못 박을 필요는 없고, 어느 리포트에나 해당되는 얘기부터 해 보자. 우선 다음의 두 리포트를 비교해 보자."

> 보고서와 함께 프레젠테이션도 실용적 글쓰기의 중요한 부분을 차지하고 있다. 따라서 프레젠테이션에 관한 책도 무척 많이 나와 있다. 이 책은 프레젠테이션이 보고서와 본질적으로 다르지 않지만 일종의 라이브 쇼라는 점을 강조하고자 한다. 즉 프레젠테이션은 일종의 라이브 쇼인데 그것이 라이브라는 점에서 보고자를 긴장에 빠뜨리고, 그것이 쇼라는 점에서 철저하게 보는 사람의 입장에 서야 한다는 것을 말하고자 한다.
> 그리고 자연스러운 프레젠테이션을 위해서는 보고서와 마찬가지로 논증이 그 바탕을 이루어야 한다는 것을

> 보고서와 함께 프레젠테이션도 실용적 글쓰기의 중요한 부분을 차지하고 있다. 따라서 프레젠테이션에 관한 책도 무척 많이 나와 있다. 이 책은 프레젠테이션이 보고서와 본질적으로 다르지 않지만 일종의 라이브 쇼라는 점을 강조하고자 한다. 즉 프레젠테이션은 일종의 라이브 쇼인데 그것이 라이브라는 점에서 보고자를 긴장에 빠뜨리고, 그것이 쇼라는 점에서 철저하게 보는 사람의 입장에 서야 한다는 것을 말하고자 한다. 그리고 자연스러운 프레젠테이션을 위해서는 보고서와 마찬가지로 논증이 그 바탕을 이루어야 한다는 것을 강조하고자 한다.

"어떠냐? 차이가 뭐라고 생각하느냐?"

"첫 번째 것은 뒷부분이 파도치는 것 같이 물결치는 데 반해 두 번째 것은 직선으로 반듯한 것이 다릅니다."

현민은 막상 대답해 놓고도 이런 대답을 한 자신이 조금 어이가 없었다. 왜냐하면 이런 답은 눈으로 보기만 하면 누구나 알 수 있는 것이었기 때문이다. 하지만 어찌하랴. 질문이 그러하고 현상이 그러한 것을.

"그렇지. 첫 번째 것은 뒤가 물결치지. 바로 이런 작성법이 잘못됐다는 거야. 왜냐? 리포트는 시가 아니거든."

"하지만 이렇게 물결치는 글을 저는 많이 보았는데요. 가령 패션 잡지라든지 여성 잡지에서 말이죠. 그게 잘못되었다는 것입니까?"

"글쎄, 잘못이라고 말하기는 그렇지. 왜냐하면 잡지는 특성상 편집의 묘미를 살려야 하기 때문이다. 따라서 뒤가 물결칠 수도 있겠지. 하지만 대학의 리포트는 그런 종류의 글이 아니지. 따라서 대학 리포트에서 뒤가 물결친다면 그건 분명 잘못된 거야."

"그렇지만 글을 쓰는 스타일의 차이일 수도 있지 않나요? 문장 하나하나를 독립된 것으로 여기고 조금 더 자유롭게 쓴다는 것이지요."

"그래? 그렇게 쓰는 게 바로 시다. 형식에서 자유로운 것이지. 하지만 논증을 제시하는 글은 그렇게 써서는 안 돼."

아, 이게 무슨 말인가. 뒤가 물결치는 글을 읽는다는 것은 흔한 일인데 그게 잘못된 것이라고 하지 않는가! 꼭 문단의 뒤를 일직선으로 맞춰야 할 이유가 있다면 무엇인가? 현민은 그 이유가 너무 궁금해졌다.

"왜 리포트는 문단의 뒤를 일직선으로 맞춰야 합니까?"

"그건 문단이 아이디어의 기본 단위이기 때문이지."

으잉, 아이디어의 기본 단위는 뭐고 또 그것이 문단이라는 말은 뭐냐?

"그럼 문장은 아이디어를 나타내지 못한다는 것입니까?"

"꼭 그렇지는 않지. 문장이 아이디어를 나타낼 수 있지만 보통의 경우 하나의 아이디어는 여러 개의 문장이 결합되어 나타나게 되지. 가령 우리나라가 교통이 엉망인 나라라는 말을 하고 싶은 경우 단순히 한 문장으로 할 수는 없거든. '대한민국은 교통이 엉망이다.' 이렇게 쓰고 끝이면 아이디어 전달에 성공할 수 없겠지. 따라서 이 아이디어에 대한 여러 가지 설명이 뒤따르게 되는 법이지. 교통사고 사망률이 어떻고, 교통비용이 어떻고, 교통 체증 문제의 심각성이 어떻고, 교통 습관이 어떻고 하는 등의 설명이 뒤따라야 한다는 것이지. 즉 하나의 아이디어를 담기 위해서는 문장이 아닌 단락이 필요한 것이고 이것이 아이디어의 기본 단위라고 할 수 있다는 거야."

"단락은 패러그래프를 말하는 것이지요?"

"그렇지. 단락, 문단, 패러그래프 다 같은 말이지."

"조금 전에 아이디어의 기본 단위가 문장이 아니라 단락이라고 하셨는데 그렇다면 단락을 단위로 아이디어를 전달해야 합니까?"

"그렇지."

"그런데 왜 꼭 단락의 뒤가 일직선이어야 합니까? 문장이 여러 개 모여 단락이 된다면 문장 하나하나를 뒤가 물결치도록 써도 되지 않을까요?"

"그것은 단순한 이유에서 그런 거야. 즉 읽는 사람에게 단락 표시를 해 주기 위해서다."

"어떻게 하는 건데요?"

"다 알고 있는 거야."

"알고 있다니요? 무얼요?"

"단락을 시작할 때 한 칸 들여쓰기를 함으로써 새로운 단락의 시작을 알리는 것이지. 이거야 어렸을 때부터 배우는 거 아니냐?"

"그럼 문장을 단위로 하면 단락 표시를 할 수 없다는 것이군요."

"그렇지. 문장을 단위로 하면 어디에서 단락이 바뀌는지 알 수가 없게 되겠지."

"질문이 있는데요. 그럼 단락이 바뀌는 것을 알리는 것은 아이디어가 바뀌는 것을 알려주는 것인가요?"

"이제 제대로 알았구나. 그럼 글쓰기 교본 중 하나에서 단락에 대해 알아보자."

스크린이 내려왔다. 현민은 찬찬히 읽어보았다.

작가는 독자를 돕기 위해 주로 단락을 사용한다. 각 단락은 작가가 들여쓰기를 하거나 한 줄 띄우기를 하여 만든 흰 여백으로 시작하기 때문에 새로운 단락은 독자의 눈과 뇌에 짧은 휴식을 제공한다. 더욱 중요한 점은, 새로운 단락의 시작이 독자로 하여금 변화가 일어나고 있다는 것을 알게 도와준다는 것이다. 즉 장소나 시간, 한 아이디어에서 또 다른 아이디어로, 일반화에서 사례로, 글의 본론에서 결론으로 바뀐다는 것을 알려준다. 단락 구분은 하나가 끝나고 다른 것이 시작된다는 것을 알리기 때문에 독자가 글의 구성과 의미를 이해하는 데 도움이 된다.

— D. A. Daiker, A. Kerek, M. Morenberg, the writer's options, Harper & Row, Publishers, New York, 1982, p.222

결국 단락은 글의 구성과 의미를 이해하는 데 도움이 되는 것이구나. 단락이 바뀐다는 것은 아이디어가 바뀐다는 것을 말하는 것이고 그것을 들여쓰기로 알려준다는 내용이었다.

"그러니까 하나의 단락이라는 것을 나타내기 위해서 단락의 뒷부분이 물결치지 않게 일직선으로 정렬해야 한다는 거야. 그래야 들여쓰기를 통해 새로운 단락의 시작을 알릴 수가 있지 않겠느냐. 패션 잡지처럼 글을 쓴다면 단락의 의미나 기능은 없어지겠지."

"단락이 무엇인지 알겠습니다. 그런데 단락이 왜 중요합니까?"

"음, 조금 멀리 보고 얘기하자. 위의 인용에도 나오지만 독자가 글의 구성과 의미를 파악하는 것이 가장 중요하지 않겠느냐. 무슨 글인지 알아야 하는 것이니까. 따라서 글을 쓸 때 저자는 글을 구성한다는 거야. 즉 조직을 짠다는 것이지. 그런데 조직의 기본 단위가 바로 단락이기 때문에 단락이 중요한 거야."

"문장을 조직의 기본 단위로 삼으면 안 되는 이유는 무엇입니까?"

"그거야 앞서 말한 것처럼 한 문장으로는 하나의 아이디어를 충분히 드러내지 못하기 때문이지. 단락을 단위로 한다는 것은 한 편의 글을 논리적 구성체로 여긴다는 뜻이야. 즉 논리적 구성체인 글은 단락이라는 단위로 이루어지기 때문에 단락이 중요한 거지."

"생각보다 단락이 중요한 것이군요."

"그렇지. 단락 개념 없이 글을 쓴다는 것은 글을 논리적 구성체로 보지 않는다고도 말할 수 있지. 따라서 뒤가 물결치는 단락은 용인될 수 없다는 것이다. 단순히 스타일의 문제가 아니라 근본적인 인식의 문제니까."

"어휴, 어렵네요. 단락은 잘 알겠습니다. 또 유의할 점은 없습니까?"

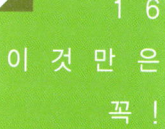

단락은 보고서의 논리적 구성 단위이다.

보고서를 작성할 때는 양쪽 맞추기를 해야 한다. 형식이 자유로운 시나 잡지에서 흔히 볼 수 있는 앞줄 맞추기나 뒷줄 맞추기를 해서는 안 된다는 얘기다.

보고서를 읽는 사람이 글의 구성과 의미를 파악하는 것이 가장 중요하기 때문에 보고서를 작성하는 사람은 이를 논리적으로 구성해야 한다. 이때 구성의 기본 단위가 바로 단락이다. 보통의 경우 하나의 아이디어를 담기 위해서는 여러 개의 문장이 결합된 단락이 필요하고 이것이 아이디어의 기본 단위가 되기 때문이다.

또한 이렇게 함으로써 읽는 사람에게 단락 표시를 해 주기 위해서다. 단락이 바뀐다는 것은 아이디어가 바뀐다는 것을 말하는 것이고 그것을 들여쓰기를 통해 알려주는 것이다.

자기 글을 써야 한다

자료를 소화시켜 내 것으로 만들 때 내 글을 쓸 수 있다.

"있지. 흔히 볼 수 있는 일인데 리포트에 인용이 지나치게 많다는 거야. 보통 A4 용지 7매 정도의 분량을 요구하는 경우 그 양이 너무 많다고 느껴 어떻게 하면 지면을 메울까 궁리하는 걸 많이 본다. 그 결과 보통 두 가지 방법을 택하더구나."

"두 가지요? 어떤 겁니까?"

"하나는 짜깁기고, 다른 하나는 인용을 왕창 하는 것이지."

"짜깁기는 주로 어떤 방식으로 하나요?"

"그거야 잘 알려진 대로 인터넷을 이용하는 것이지. 인터넷에서 관련 단어를 입력하여 정보를 얻거나 비슷한 주제로 쓴 글이 올라와 있으면 다운을 받아 이리저리 꿰맞춰서 한 편의 글을 완성시키는 거야. 다 아는 얘기 아니냐?"

"그렇죠. 다 아는 얘깁니다. 인용도 마찬가지인가요?"

"마찬가지라는 말이 무슨 뜻이냐? 다 안다는 뜻이냐? 아니면 인터넷을 이용한다는 것이냐?"

"인터넷을 이용해서 자료를 찾고 자료를 과도하게 인용하는 것 말입니다."

"그렇지. 인터넷을 이용하든 책을 이용하든 7매의 리포트에서 3~4매 정도가 인용으로 채워지면 곤란하다. 출처와 관계없이 인용이 과도하면 안 된다는 것이지."

"지나치게 많은 인용은 곤란하지만 인용은 불가피하지 않나요? 특히 대학 과제에서 인용 없이 자신의 의견만을 쓰기는 어려울 것 같은데요."

"물론 그렇지. 하지만 인용이란 자신의 생각이 선 다음에 부분적으로, 부차적으로 이용하는 것에 그쳐야 해. 자신의 생각이 서지 않은 상태에서 인용을 중심으로 해설하듯이 리포트를 쓰면 안 된다는 거야."

인용을 중심으로 리포트를 쓰면 안 된다. 자신의 생각을 세우고 나서 인용을 해야 하고 그것도 될 수 있는 한 양을 줄여야 한다는 말씀인데 그게 과연 현실적으로 가능할까? 그럼 자신의 생각은 어떻게 세우는 건가?

"다 좋은 말씀인데요. 자신의 생각은 어떻게 세웁니까?"

"예를 들어보자. 이런 과제가 나왔다고 해 보자."

길지 않은 과제명이 스크린에 나타났다.

한국에는 노래방, 찜질방, 비디오방, 만화방 등 방 문화가 발달하였

다. 그 원인은 무엇인가?

"이런 주제로 리포트를 쓴다고 해 보자. 어떤 과정을 밟아야 할 것 같으냐?"

"글쎄요. 우선 자료 조사를 해야 하지 않을까요? 관련된 글을 찾아 읽으면 뭔가 생각이 떠오를 테니까요. 그 다음 인용할 만한 부분을 체크해 놓고 이리저리 생각을 해 보면 될 것 같은데요."

"참 편하구나. 그러니까 자료를 찾아서 읽고 이리저리 맞춰서 쓰면 된다는 거잖아. 그렇지 않냐?"

"듣고 보니 그러네요."

"그럼 결국 짜깁기와 다를 게 없을 것 같은데, 자신의 생각은 어디로 갔느냐?"

"잠깐만요. 말씀이 좀 지나친 것 아닙니까?"

현민이 못마땅한 표정을 지으며 시비조로 물었다.

"뭐가 심하다는 거냐?"

"주제가 주어지면 자료를 찾는 것은 당연한데 그것을 마치 짜깁기처럼 말씀하시는 것은 지나친 것 같습니다."

"으음, 그런 것 같다. 인정한다. 내 말은 자료를 중심으로 쓰면 안 된다는 것이야. 즉 자신의 생각이 주가 되고 자료는 보조라는 것이지."

"예를 들면 어떻게 하라는 것인가요?"

"위의 주제를 예로 들어보자. '왜 한국에는 방 문화가 발달하였는가?' 라는 문제에 대해 자료를 찾기 전에 먼저 자신의 생각을 정리해 보라는 거야. 즉 '왜 방인가?'라는 문제에 대해 자료 없이 생각해 보라는 것이지."

"아무 생각도 안 나면 어떻게 합니까?"

현민이 여전히 불편한 심기를 감추지 않고 내뱉었다.

"흐음, 정말 아무 생각도 안 나는 경우가 있을까? 예를 들어 '왜 방 문화가 발달했는가?'에 대해 한국 사람은 퍼질러 앉는 것을 좋아하기 때문이다. 비디오방, 노래방, 만화방은 퍼질러 앉지는 않지만 서양식의 좌식은 아니고 의자 위에 발을 올리고 편안히 앉아도 상관없는 분위기이다. 즉 한국 사람은 어디에 가면 퍼질러 앉는 습성이 있기 때문에 방 문화가 발달한 것이다. 이런 식의 추론이 가능하다는 거지."

"별 이야기 아닌 것 같은데 듣고 보니 그런 것 같기도 하네요."

"그래? 그렇다면 다음으로 넘어가는 거야. 정 떠오르는 게 없다면 자료를 찾는 수밖에 없지 않겠어. 한국 문화의 특징에 관한 자료나 방에 관한 자료나 뭐 노래방이나 찜질방에 대한 자료도 좋겠지. 그리고는 읽어 나가면서 실마리를 찾을 수도 있겠지."

"그런데 자신의 생각을 쓰라는 것은 무슨 뜻인가요?"

"그것은 자료를 읽고서 실마리를 찾거나 좋은 이유를 찾았다 해도 그것을 그냥 옮겨서는 안 된다는 말이지. 이거다 싶어서 찾은 것을 그대로 옮기면 자신의 생각이 들어갈 틈이 없다는 거야."

점점 얘기가 어려워지고 있네. 그냥 자신의 생각을 쓰면 될 텐데 뭐가 그리 복잡한가! 문제는 자료와 자신의 생각과의 관계인

가 보다. 자료에서 무엇인가를 발견해도 그것이 바로 자신의 생각이 되지는 않는 모양이다. 어쨌든 자신의 생각으로 만들어서 써야 하는 모양인데 어떻게 하라는 거지?

"그럼 어떻게 해야 자신의 생각이 될까요?"

"동화 작용을 거쳐야지. 음식물을 섭취했을 경우 소화가 되어서 동화가 되어야 피가 되고 살이 되지 않느냐. 자료도 똑같다고 할 수 있지. 자료에서 발견한 좋은 생각을 시간을 두고 숙성시켜서 자기 것으로 소화해야 해. 그렇게 한 후에 글을 쓰면 자료를 바탕으로 했어도 자기 글이 되는 법이지."

"앞에 나온 문제를 예로 들어 조금 더 자세히 말씀해 주시면 안 될까요?"

"그러지 뭐. 한국 사람들이 방을 좋아하는 이유는 전통적으로 한국 사람들은 방을 중심으로 생활해 왔기 때문이라고 할 수 있지. 즉 한국 문화는 동네를 벗어나는 일이 좀처럼 없었고 주로 집 안에서 문화생활을 하였는데 그 중심에 방이 있었던 거지. 방에서 밥도 먹고 놀이도 하고 공부도 하고 술도 마시고 제사도 지내고…. 끝이 없을 정도로 많지. 이런 전통적 문화가 현대에 와서는 각종 방 문화로 계속되고 있다. 이런 식으로 생각할 수 있지 않겠냐?"

"그럴듯하네요. 그런데 그런 자료가 있다고 하면 그것을 어떻게 자신의 생각으로 바꿀 수 있나요?"

"그건 비판적으로 생각하는 거야. 무슨 말이냐 하면, 방 문화가 전통 문화의 계승이라는 면이 있다는 주장에 대해서 '왜 하필 방 문화만 계승되었는가? 마당 문화도 있는데 마당 문화가 계승되었다면 지금처럼 방 문화가 과연 발전되었을까?' 이런 식으로 비판적으로 생각하는 거지. 이렇게 하다 보면 더 깊이도 있어질 뿐만 아니라 결국은 자신의 생각으로 만들 수 있다는 얘기다."

음, 마음에 드는 주장이 있으면 단순히 인용하지 말고 비판적으로 사고하라. 그러면 여러 가지 면을 생각할 수밖에 없고 그런 과정을 통해 처음과는 다른 자신의 생각이 형성된다는 뜻이구

나. 그럴듯한걸. 인용에 머물지 않고 어떤 주장을 자신의 생각으로 변환하는 방법이라! 좋아, 좋아. 때마침 멘토의 소리가 현민의 생각을 멈추었다.

"한 가지 더 알려 주마. 참고문헌이 많은 것은 좋지 않다. 열심히 노력했다는 것을 보이기 위해, 즉 성의를 보이기 위해 쓸데없이 참고문헌을 길게 다는 일이 종종 있는데 이런 것은 대학 리포트에는 어울리지 않는다. 짧은 시간에 그 많은 문헌을 읽었다는 것도 그렇고."

"중요한 것은 역시 톡톡 튀는 자신만의 생각을 쓰는 것이라는 말씀이죠?"

"그렇지. 좀 어설프더라도 자신만의 생각이 드러나는 것이 중요하지."

"그럼 리포트를 쓸 때는 구체적으로 어떻게 해야 하나요?"

1 7 이것만은 꼭!

자료를 숙성시켜 내 것으로 만들어라!

리포트 작성시 유의할 점은 짜깁기와 지나치게 많은 인용을 삼가는 것이다. 인용을 중심으로 리포트를 쓰면 안 된다. 자신의 생각을 세우고 나서 부차적으로 이용하고 그것도 될 수 있는 한 양을 줄여야 한다는 얘기다.

그러기 위해서는 자료를 찾기에 앞서 리포트 주제에 대해 먼저 자신의 생각을 정리해 보는 게 꼭 필요하다. 아무리 생각해도 떠오르는 게 없다면 자료를 찾아 읽으며 실마리를 찾을 수밖에 없지만 그때도 주의해야 한다. 즉 자료에서 마음에 드는 주장을 발견했을 때 그것을 단순히 인용하지 말고 시간을 두고 비판적으로 생각하며 숙성시켜서 자기 것으로 소화해야 한다는 것. 그렇게 한 후에 글을 쓰면 자료를 바탕으로 했어도 자기 글이 되는 법이다.

열심히 노력했다는 것을 보이기 위해 쓸데없이 참고문헌을 길게 다는 일이 종종 있는데 이것 또한 좋지 않다.

'나'를 주어로 써라

'나'가 주어가 될 때 보다 선명하고 분명한 글이 나온다.

"생각보다 쉽지만 막상 하려면 어려운 것이 하나 있다. 주어 처리 문제이다."

"주어 처리 문제라 하면?"

"문장을 시작할 때 보통 '나는' 이라고 하지 않고 '우리는' 혹은 '필자는' 이라는 표현을 쓰지. 아니면 이것 역시 흔한 일인데 주어 자체를 생략하는 것이다. 주어는 없지만 뜻이 통하는 것이 한국어, 일본어의 특징이기도 하지만."

"그럼 '나를' 주어로 써야 한다는 말씀인가요?"

"그렇지. 내 생각을 말하는데 왜 '우리' 라고 표현하거나 애매하게 처리하는지 모르겠어. '나' 라고 쓰면 읽는 사람, 특히 나이 든 사람들이 건방지다고 여기는 경향이 있는 것 같아. 겸손함이 없다는 거지. 하지만 이런 생각 자체가 이상한 것이지. 자신의 생각을 말할 때 '나'라고 하지 그럼 뭐라고 하나? '저'라고 하나? 그건 더 이상하잖아."

멘토는 조금 상기된 표정으로 걸음을 이리저리 옮겼다. 이 문제에 대해 나름대로 쌓인 게 많았던 모양이다. 자신의 생각을 말하라는 가르침을 따르자면 문장의 주어를 '나'로 시작하는 것이 자연스러워 보였다. 그런데 멘토는 어쩌면 단순한 이것을 말하면서 왜 상기된 것일까? 멘토의 세계에서도 쉬운 일은 아니었나 보다는 추측이 들었다. 멘토가 상기되니 인간적으로 보였다.

"'나'를 주어로 쓰는 일은 젊은 세대에는 어느 정도 자리잡아 가고 있는 것으로 알고 있습니다. 너무 걱정하시는 거 아닙니까?"

"인터넷에 댓글을 달거나 싸이에서는 곧잘 '나'라는 주어를 쓰다가도 막상 리포트를 쓰게 되면 다시 옛날로 돌아간다는 거야. 다시 '우리'라고 쓰거나 주어를 아예 안 쓰거나 한다는 거지."

"왜 그럴까요?"

"글쎄, 아마도 권력 관계를 자기도 모르게 알아차리고 있는 것은 아닐까. 즉 선생님이 평가의 칼자루를 쥐고 있는데 잘 보여야 한다, 따라서 글을 쓸 때 사용하는 일상적인 어투를 따르는 것이 좋다는 식으로 말이야."

"역시 리포트는 권력 관계라고 생각하시는군요."

"맞는 말이지. 자신의 생각을 쓰면서도 '나'를 주어로 쓰기를 주저한다면 리포트가 권력 관계에 놓여 있다는 증거가 되지 않을까 싶네."

"그러니까 과감하게 '나'를 주어로 써라, 이런 말씀이죠?"

"그렇지. 그렇게 하면 글 전체의 분위기가 달라질 거야. 표현이 생각의 변화를 일으키기도 하니까. 보다 선명하고 분명한 글이 되는 것이지."

"잘 알겠습니다. '나'를 주어로 해서 글을 쓰도록 하겠습니다."

"그럼 다행이고. 대학 리포트 쓰기를 마치기 전에 잊지 말아야 할 것이 있다."

"뭡니까? 중요한 것인가 보네요."

"물론 중요하지. 하지만 이미 말한 것이다."

"제가 알고 있는 겁니까?"

"그렇지. 무엇이겠느냐?"

"글쎄요. 뭘까요?"

"다른 게 아니라 리포트 역시 논증으로 만들고 논증을 A4 한 장으로 만들고 그것을 바탕으로 쓴다는 것이지."

"아, 생각납니다. 리포트든 학위 논문이든 단행본이든 우선 논증을 만들어야 한다는 것이지요? 논증을 A4 용지 한 장으로 늘린 다음 자료를 이용해서 리포트로 써야 한다. 맞지요?"

"잘 알고 있구나. 다행이다."

"그래도 유의할 점이 있을 것 같은데요."

"굳이 말하자면 리포트에서도 논증의 중요함은 아무리 강조해도 지나치지 않는다는 것이지. 논증이 탄탄하면 사례를 적절히 배치하면서 리포트를 완성하는 일은 어렵지 않거든. 좋은 논증의 조건을 다시 한 번 상기하고 논증 구성 요령도 한 번 더 확인

하길 바란다."

"질문하면 안 될까요?"

"안될 리가 있냐. 그래, 뭐냐?"

"리포트에서는 평점이 중요하지 않습니까. 어떤 기준으로 평점을 매기는지 궁금합니다."

"글쎄, 요즘은 절대평가도 있고 상대평가도 있긴 한데, 우선은 참신함이겠지. 비슷비슷한 리포트는 읽는 사람을 지루하게 만들지 않겠냐. 그러니 참신한 리포트가 우선 눈에 띄겠지. 참신함이란 여러 가지가 있겠지만 리포트의 경우는 자신만의 글이라는 것이 중요하지. 즉 자신만의 관점이나 보통 사람과는 다른 접근이 참신함을 주겠지. 하지만 더 중요한 것은 자신만의 스타일로, 즉 자신의 호흡이나 문체로 글을 쓰는 것이다. 어렵게 들리겠지만 그리 어려운 것이 아니야."

멘토가 숨을 고르는 것 같았다. 리포트에 대해 길게 얘기를 해서 그런지 조금 피곤해 보이기도 했다. 평가에서 중요한 점이 자신만의 스타일이나 호흡으로 글을 쓰는 것이라고 말해 놓고 이제 구체적인 내용을 말하려고 한다. 그리고 언제나 그렇듯이 어렵지 않다고 너스레를 떤다. 더 들어보자.

"소박하게 쓰는 것이지. '이것은 나의 생각입니다. 다른 것은 잘 몰라도 이 문제에 관해서 나는 이렇게 생각합니다. 그리고 이것은 내 경험이고 내 사고입니다. 자료도 열심히 읽었지만 나는 이런 얘기를 하고 싶습니다.' 이런 분위기가 나야 한다는 것이지. 왜냐? 대학의 리포트는 깊은 학식이나 독창적인 아이디어를 요구하는 것이 아니라 스스로 생각하는 힘이 있는지, 그리고 자신의 생각을 어떻게 자료로 정당화시키는가를 보는 것이기 때문이지."

"그렇다면 대학의 리포트는 스스로 생각하는 힘을 키우는 훈련이라고 할 수 있습니까?"

"그렇지. 스스로 생각하는 힘과 자료를 어떻게 다뤄야 하는지를 배우는 기초 훈련이라고 할 수 있지."

"잘 알겠습니다."

18 이것만은 꼭!

생각하는 힘을 보여주는 것이 리포트다!

인터넷에 댓글을 달거나 싸이에서는 곧잘 '나'라는 주어를 쓰다가도 막상 리포트를 쓰게 되면 다시 '우리'라고 쓰거나 주어를 아예 안 쓰는 경우가 있다. 리포트는 권력 관계라는 생각에서다.

그러나 과감하게 '나'를 주어로 써라. 그렇게 하면 보다 선명하고 분명한 글이 될 것이다.

리포트의 평가 기준은 다양하지만 무엇보다도 참신함을 주어야 한다. 이는 곧 자신만의 글을 쓰는 것이다. 자신만의 관점이나 보통 사람과는 다른 접근이 참신함을 주겠지만 더 중요한 것은 자신만의 스타일로, 즉 자신의 호흡이나 문체로 글을 쓰는 것이다.

왜냐하면 대학의 리포트는 깊은 학식이나 독창적인 아이디어를 요구하는 것이 아니라 스스로 생각하는 힘이 있는지, 그리고 자신의 생각을 어떻게 자료로 정당화시키는가를 보는 것이기 때문이다.

석·박사 학위 논문 작성법

박사 논문은 자신의 주장을, 석사 논문은 기존의 연구 성과를 쓰는 것이다.

"이번에는 석·박사 학위 논문 작성법에 대해 알아보자."

석·박사 학위 논문이라…. 뭐 이런 어려운 것을 할까? 대학에서 고생한 후에 졸업하면 취직해서 돈이나 벌면 되지 뭐 하러 대학원에 가서 또 고생하면서 석·박사 학위를 받으려 하는 것일까? 요즘 취직이 잘 안 되어서 대학원에 진학해 시간을 벌려는 것인가. 하여튼 석·박사 학위 논문 작성법에 대해 한다고 하니 들어야겠지만 현민은 선뜻 이해가 되지 않았다. 게다가 대학의 리포트 작성법까지는 실용적 글쓰기의 범주에 들겠지만 석사나 박사 학위 논문 작성법은 전문적 지식에 속하지 않나? 하는 생각까지 들었다.

멘토가 무슨 의도를 가지고 이런 전문적인 영역을 다루고자 하는지 이해가 되지 않았으나 그래도 무슨 말을 하려고 하는지 궁금하여 현민은 멘토를 쳐다보았다. 그는 현민이 쳐다보기를 기다렸다는 듯 입을 열었다.

"왜 이런 것을 하나? 하는 표정이네. 그런가?"

"예, 조금은요."

"이상할 만도 하지. 석사 학위 논문 쓰는 사람이 얼마나 된다고 이런 것을 하느냐는 의심이 들 만도 하지. 그래도 하는 이유는 최근 들어 석사 학위를 따기 위해 대학원에 가는 사람도 많이 늘었고, 또 석사 학위 논문이라는 것도 우리가 지금까지 익힌 것의 연장에 지나지 않는다는 것을 보여 주기 위해서야."

"지금까지 익힌 것이라면 구체적으로 어떤 것을 말합니까?"

"구체적으로 말하자면 논증으로 A4 한 장 분량의 글도 만들고 리포트도 만들고 하는 것을 말하지. 석사 학위 논문도 예외가 아니라는 거야. 즉 논증을 만들면 석사 학위 논문도 어렵지 않게 쓸 수 있다는 얘기다."

"그런데요. 질문이 있습니다."

순진한 표정을 지으며 현민이 물었다. 정말로 궁금하다는 순수한 표정이 얼굴 가득 묻어나고 있었다.

"질문은 항상 좋지. 그래, 뭐냐?"

"석사 학위의 의미는 뭡니까? 박사 학위와의 차이점이 무엇인지 궁금합니다. 보통 박사 학위 논문은 부피가 크고 참고문헌이 왕창 많은 것 같던데요. 그 차이입니까?"

"겉보기로야 그럴 수 있지. 하지만 진정한 차이는 다른 데 있다."

"어떤 질적인 차이가 있다는 말씀인가요?"

"질적인 차이라고 할 수도 있겠다. 석사 학위는 한마디로 하자면 이제 학문의 세계에 발을 들여 놓았다는 의사 표시라고 할 수 있지. 이제 나도 학문의 세계에 들어갈 의향이 있다는 정도라고나 할까. 이에 반해 박사 학위는 의사로 말하자면 개업해도 좋다는 면허 같은 것이지."

"조금 어렵습니다. 박사 학위가 개업 허가라는 말씀은 무슨 뜻입니까?"

"의사로 비유를 하자면 이제 독립해서 개업해도 된다는 뜻이지. 물론 의과대학을 졸업하고 시험에 합격하면 의사가 되고 개업할 수 있지만 인턴과 레지던트를 거치면서 전문의 자격을 따는 것이 개업에 훨씬 더 유리하겠지. 학문의 세계도 마찬가지야."

"그럼 대학 졸업생은 일반 의사, 석사 학위 소지자는 인턴, 박사 학위 소지자는 전문의, 이 정도 되는 건가요?"

"좋아, 좋아. 잘 알아들었구나."

"그럼 석사 학위 논문을 쓰기 위해 해야 할 일은 무엇입니까?"

"우선 석사 학위 논문을 왜 쓰는가를 생각해야겠지. 보통 석사 논문을 쓰는 사람들은 자신이 꽤 중요한 일을 한다는 착각을 하게 마련이지. 학사와는 다르니까 그렇게 생각할 수도 있겠으나 사실 석사 논문은 학문적으로는 별로 중요하지 않다는 것을 먼저 염두에 둬야 해."

조금 막 나가는 것이 아닌가 하는 생각이 들었다. 사실이 그럴지 몰라도 석사 논문이 학문적으로는 별로 중요하지 않다는 발언은 지나치다는 느낌이 들지 않을 수 없었다. 그래도 계속 들어

보자. 한국말은 끝까지 들어봐야 아니냐.

"표정이 별로구나. 맘에 안 드는 모양이지? 하지만 오해하지 마라. 석사 과정이 인턴 과정과 비슷하다면 석사는 기존의 연구 성과를 정리하는 수준에 그쳐도 상관이 없다는 것이다. 다시 말해서 새로운 것을 제시할 필요는 없다는 얘기지. 어떤 문제에 관심이 있다면 기존의 연구 성과는 어떤 것이며 도대체 어디에서 논의가 이루어지고 있는지에 관해 쓰면 된다는 것이다."

"말씀하시는 걸 들으면 석사 학위 논문 쓰는 일이 쉬운 것 같은데요. 기존의 연구 성과를 정리하는 거야 어려울 것이 있겠습니까?"

"그렇게 생각하는 것도 무리가 아니지. 하지만 어떤 주제에 대해 현재까지 논의가 어디까지 진행되었는가를 아는 것은 그리 쉬운 일이 아니야. 가령 화제가 되었던 줄기 세포를 예로 들어보자. 줄기 세포 연구의 지도를 그리려면 최신 논문을 읽어 보아야만 하고 최신 논문을 읽고 이해하려면 상당한 수준의 지식이 있어야 하겠지. 뿐만 아니라 최신 논문에 앞서 나온 중요한 논문들도 다 읽어 봐야 그 문제에 관해 제대로 정리가 되겠지. 이 정도가 돼야 어떤 문제에 대해 지도를 그릴 수 있을 텐데, 어려운 과제로 보이지 않느냐?"

"듣고 보니 그러네요. 우선 최신 논문을 제대로 이해하기가 어려울 것 같습니다."

"논문을 쓸 때 요령이 있어. 그 중 하나가 최신 논문부터 읽는 거야. 어떤 사람들은 연대기적으로 논문을 읽는데, 즉 옛날 논문부터 최신 논문 순으로 쭉 읽는다는 것이지. 하지만 이런 방법은 시간도 많이 걸릴 뿐 아니라 문제의식이 엷어지는 단점이 있어. 최신 논문부터 읽으면 자신의 관심 주제에 딱 맞는 것부터 읽게 되니까 문제의식이 계속 유지되지. 그리고 최신 논문의 논의가 어떤 과정을 거쳤는지를 알기 위해서 거슬러 올라가 옛날 논문을 읽으면 되지."

"어려워 보이는데요."

"그럴 수도 있고 아닐 수도 있지. 무슨 말인고 하면 주제에 해당되는 최신 논문 2~3편만 읽으면 지도를 대충 그릴 수 있다는 면에서 어렵지 않을 수 있지만, 문제는 최신 논문을 제대로 이해할 수 있느냐지. 이게 어려운 거다. 어려우니까 학교에서 배우는 거고, 강의실에서도 배우고, 따로 질문해서 배울 수도 있지. 어쨌든 이 산을 넘어야 해. 최신 논문 몇 편을 이해하는 것! 이것만 해결되면 석사 학위 논문은 70% 정도 쓴 것이지."

"나머지 30%는 뭔가요?"

"나머지야 여러 가지가 있겠지. 주를 다는 방법, 인용의 절차, 참고문헌 처리 등등. 하지만 그 중 가장 중요한 것은 역시 논문이야. 무슨 말이냐 하면, 최신 논문 몇 편을 읽다 보면 중복되어 나오는 지나간 논문들이 있게 마련이야. 소위 고전이라고 불릴 만한 그 분야의 논문들이지. 그럼 그런 고전들을 구해서 차례로 읽는 거야. 그렇게 되면 논문의 골격은 완성되는 거지."

"생각보다 단순하네요. 순서가 이렇게 되는 건가요?"

말을 마치고 현민은 노트 위에 순서를 써 보았다.

```
주제를 잡는다.
      ▼
최신 논문을 몇 편 읽는다.
      ▼
고전 논문을 몇 편 읽는다.
```

이게 다인가? 논문 몇 편 읽으면 석사 학위 논문 쓰겠네. 현민은 믿음이 가지 않아 질문을 던졌다.

"논문만 읽어서 되나요? 책은 안 읽나요?"

"물론 아니지. 하지만 논문이 책보다 중요한 것은 사실이야. 그 이유는 간단해. 왜냐하면 학문의 세계에서 가장 첨단의 지식은 책이 아니라 논문으로 발표되기 때문이야. 특히 학술지를 잘 읽어야 돼. 책이란 것은, 특히 학술적인 책은 논문을 확대하거나 묶은 것이 대다수이기 때문에 첨단이라고 하기보다는 정리라고 봐야지. 그런 의미에서 논문을 우선적으로 읽으라고 한 거야."

"대충 알겠습니다. 또 유의할 점은 없습니까?"

"왜 없겠냐. 균형 잡힌 시각을 제공하는 것을 유념해야지."

| 균형 잡힌 시각을 제공하라 |

"박사 학위 논문은 어떤 주제에 대해 한쪽 입장에 서거나 새로운 시각이나 관점을 제공하는 데 반해 석사 학위 논문은 꼭 어느 한쪽에 설 필요는 없다는 것에 유의해야 한다. 다시 말해서 석사 학위 논문은 자신의 주장을 강하게 펼치는 글이 아니라는 것이지. 자신은 이렇게 생각한다는 것을 강하고 치밀하게 전개하는 것은 박사 학위 논문에서 할 일이고, 석사 학위 논문은 기존의 연구 결과를 정리하여 자신이 이 문제에 대해 어느 정도 알고 있고 이제 본격적으로 연구할 준비가 되었다는 것을 보이는 것으로 충분하다는 거야. 어렵냐?"

"예, 어렵네요. 좀 더 쉽게 말씀해 주시면 안 될까요?"

"그러자꾸나. 쉽게 말해 석사 논문은 어떤 주제에 대해 대립되는 주장들을 잘 정리하는 수준이면 된다는 것이다."

"그럼 박사 논문은요?"

"박사 논문은 대립되는 주장을 소개한 후 자신이 어느 쪽에 속하는가를 분명히 밝히고 새로운 방식으로 옹호할 수 있음을 보이거나, 대립되는 주장들이 모두 잘못되었기에 자신의 새로운 해석이나 관점이 옳다는 것을 증명하는 것이지. 알겠지?"

"그러니까 박사 논문은 자신의 얘기를 쓰는 것이네요. 석사 논문은 자신의 견해가 아니라 기존의 연구 성과를 자신이 얼마나 잘 이해하고 있느냐를 보이는 거고요."

"그렇다고 할 수 있지."

"그럼 균형 잡힌 시각을 제공하라는 것은 무슨 뜻입니까?"

"석사 논문에 더 적용되는 것이겠지."

"박사 논문에서는 균형 잡힌 시각이 필요 없다는 것입니까?"

"인생을 극단적으로 사네, 흑백논리에 사로잡혀서. 그렇지 않느냐?"

"그런 말씀도 극단적이네요. 그렇지 않나요?"

"허허, 그렇다 치고. 박사 학위 논문도 물론 대립되는 견해를 제시할 때는 균형을 잡아야겠지. 하지만 앞서 말했듯이 박사 논문은 자신의 견해를 적극적으로 펼치는 것이니까 균형 잡힌 견해를 제시하는 것이 목적은 아니다, 이런 말이지."

"석사 논문이 균형 잡힌 시각을 제공하는 것이 목표라면 자신의 의견은 필요 없다는 것입니까?"

"꼭 그렇지는 않아. 우선 주제 자체를 정하는 것은 자신의 의

견이 반영된 것이라고 볼 수 있으니까. 하지만 박사 논문과는 달리 자신의 의견을 펼칠 여유는 없을 거야. 의사로 치면 인턴 과정인데 자신의 의견이 있겠느냐. 열심히 선생님의 가르침을 따라 배워야지. 그렇지 않냐?"

"의사와 비교를 하니 할 말이 없습니다."

"석사 학위 논문을 쓸 때 유의할 점을 하나 더 말해 보자."

"아직 안 끝났습니까?"

"왜 지겹냐?"

"예, 조금요. 논문 쓰기가 재밌지는 않네요."

"조금만 참아라. 곧 논문 쓰기 끝난다."

"그런데 유의할 점이 무엇입니까?"

"양으로 승부하지 말라는 것이다."

"양으로 승부를 건다는 것은 부피가 크다는 것입니까?"

"그렇지. 기존의 연구 성과를 정리하라고 하니까 온갖 것을 다 인용해서 원고지 매수가 엄청 많은 논문을 쓰는 경우도 종종 있거든."

"석사 논문이 기존의 연구 성과를 정리하는 것이라면 양이 많아질 수도 있지 않나요?"

"그럴 수도 있지만 양으로 승부하면 안 된다는 것이지. 기존의 연구 성과를 정리하더라도 자신의 관점에서 깔끔하게 정리하면 양이 줄어들게 마련이다. 무작정 양으로 자신의 노력을 표현하려 해서는 안 된다는 말이지."

"분명히 알고 있으면 짧아진다는 것이지요?"

"그렇지. 원래 잘 모르면 말이 길어지는 거 아니겠냐. 명료하게 알고 있다면 길게 얘기할 필요가 없는 것이 보통이지. 따라서 논문 성격에 따라 다르겠지만 길게 쓰는 것이 좋은 것은 아니라고 할 수 있다."

"잘 알겠습니다."

"지루하겠지만 논문에 대해 마지막으로 한 가지 더 해 보자."

아직도 남아 있다는 말인가! 논문 쓰는 데 유의할 점이 많구나. 쉽게 보지는 않았지만 논문 쓰는 것이 생각보다 어렵군. 마지막이라고 하니까 들어보자.

"끝으로 유의할 점은 거창한 주제를 잡지 말라는 것이지. 보통 석사 논문 써야 한다고 생각하면 어깨에 힘이 들어가게 되지. 뭔가 대단한 것을 써야 할 것 같기도 하고. 그래서 여러 가지 주제를 생각하게 되는데 보통은 석사 논문이 소화하기에는 벅찬 거창한 주제들이지. 만약 그런 것들을 하고 싶으면 박사 학위 논문에서 하면 돼. 석사 논문은 범위를 확 좁혀서 자신이 다룰 수 있는 주제로 한정해야 한다는 거야. 무슨 말인지 알겠냐?"

"욕심 내지 말고 자신의 생각보다 좁은 주제를 택하라는 것이지요?"

"그렇지. 그리고 고문헌이 풍부한 주제를 택하는 것도 권할 만하다. 석사 논문이 기존의 연구 성과를 정리하는 것이라면 기존의 연구 성과가 많은 것이 작업하는 데 편하지 않겠냐?"

"그렇겠네요."

"기존의 연구 성과, 즉 참고문헌에 등장할 만한 것이 적은 주제는 다루기가 까다롭다기보다는 기존의 연구 성과를 정리하려고 해도 쓸 것이 많지 않기 때문에 고전하기 십상이라는 거야."

"읽을 자료가 풍부한 주제를 택하라는 것이지요? 잘 알겠습니다."

멘토가 뒤돌아섰다. 이제 다 끝난 모양이다. 아니나 다를까 멘토가 말했다.

"이제 보고서는 다 했다. 돌아가는 길에 이거나 읽어 보아라. 조구명(1693~1737)이라는 사람의 글인데 자기 글을 쓰자는 요지이다. 그럼 이만."

순간적으로 멘토는 사라졌고 현민의 손에는 작은 쪽지가 놓여 있었다. 거기에는 이렇게 쓰여 있었다.

> 천고(千古)의 학술을 눈앞에 벌여 놓고 평가하되 그 명목에 구애되지 않는다. 천고의 문장을 전부 모아서 손 안에 펼쳐 놓고 평가하되 그 등급을 두지 않는다. 다만 나의 "견식해오"를 가지고 그 속을 탐색하되 (견식해오에) 합치하는 것은 취하고 합치하지 않는 것은 버린다. 요컨대, 천고의 학술과 문장으로 하여금 나에게 평가를 받도록 해야지, 그것들이 나를 평가할 수 있게 하면 안 된다. 또한 그것들이 나에게 부림을 받는 것이지 나를 부릴 수는 없다. 나의 인식 속에 고인들의 학술과 문장이 전혀 수용될 수 없다면 나의 학술을 배우고 나의 문장을 배울 것이다. 그리고 나서 따로 기치를 세워 좌우로 달려가면서 천하 사람들로 하여금 유자(儒)도 승려(釋)도 아니요, 한유도 유종원도 아닌 우뚝하게 서 있는 언덕 같은 한 사람의 '건천자(乾川子, 조구명

자신)' 가 있음을 알도록 하리라!

—《조선의 문인이 걸어온 길》, 이종호, 한길사, 411~2쪽

자기 글을 쓰자!

19 이것만은 꼭!

균형잡힌 시각을 제시하라!

석사 학위 논문은 기존의 연구 성과를 정리하는 수준에 그쳐도 상관이 없는 것에 비해 박사 학위 논문은 어떤 주제에 대해 한쪽 입장에 서거나 새로운 시각이나 관점을 제공해야 한다. 다시 말해서 석사 학위 논문은 자신의 주장을 강하게 펼치는 글이 아니라는 것이다.

따라서 균형 잡힌 시각을 제공하라는 것은 석사 논문에 더 적용된다. 박사 학위 논문도 물론 대립되는 견해를 제시할 때는 균형을 잡아야 하지만 박사 논문은 자신의 견해를 적극적으로 펼치는 것이니까 균형 잡힌 견해를 제시하는 것이 목적은 아니라는 얘기다.

또한 논문을 쓸 때 요령이 있다. 그 중 하나는 최신 논문부터 읽는 것이다. 이 방법은 자신의 관심 주제에 딱 맞는 것부터 읽게 되니까 문제의식이 계속 유지된다는 장점이 있다. 최신 논문의 논의가 어떤 과정을 거쳤는지를 알기 위해서 거슬러 올라가 옛날 논문을 읽으면 된다. 최신 논문 몇 편을 이해하는 겟 이것만 해결되면 석사 학위 논문은 70% 정도 쓴 것이나 다름없다.